# मूसेवाला का क़ातिल कौन?

**जुपिंदरजीत सिंह** एक पुरस्कार प्राप्त पत्रकार हैं। वह पंजाब में प्रतिष्ठित अंग्रेजी दैनिक *दि ट्रिब्यून* के लिए क्राइम रिपोर्टिंग विशेषज्ञ के रूप में कार्यरत हैं। अपनी साहित्यिक यात्रा के दौरान जुपिंदर अब तक पांच पुस्तकें लिख चुके हैं। इनमें से दो पुस्तकों का हिंदी में अनुवाद किया जा चुका है। उन्हें शहीद-ए-आज़म भगत सिंह की बहुचर्चित पिस्तौल की खोज के लिए जाना जाता है। इस पिस्तौल का उपयोग 1928 में एक ब्रिटिश पुलिस अधिकारी को मारने के लिए किया गया था। जुपिंदर को वर्ष 2005 के दौरान उनकी बेहतरीन रिपोर्टिंग के लिए प्रतिष्ठित प्रेम भाटिया युवा पत्रकार अवॉर्ड से नवाजा जा चुका है। वह विज्ञान और पर्यावरण केंद्र के सदस्य भी हैं। शतरंज में उन्हें महारत हासिल है और वह एक जाने-माने शतरंज खिलाड़ी और कोच हैं। इसके अतिरिक्त वह एक प्रेरक वक्ता भी हैं।

# मूसेवाला का क़ातिल कौन?

## पंजाब में हिंसा की जटिल कहानी

जुपिंदरजीत सिंह

अनुवाद: चेतन ठाकुर

eka

eka

First published in English as *Who Killed Moosewala?* in 2023 by Westland Non-Fiction, an imprint of Westland Books, a division of Nasadiya Technologies Private Limited

Published in Hindi as *Moosewala ka Qatil Kaun?* in 2023 by Eka, an imprint of Westland Books, a division of Nasadiya Technologies Private Limited

No. 269/2B, First Floor, 'Irai Arul', Vimalraj Street, Nethaji Nagar, Alapakkam Main Road, Maduravoyal, Chennai 600095


Translated by Chetan Thakur



ISBN: 9789360458515

10 9 8 7 6 5 4 3 2 1



Typeset by Neo Software Consultants, Prayagraj (Allahabad)

Printed at HT Media Ltd, Greater Noida

*सिद्धू मूसेवाला के प्रशंसकों के लिए*

# विषय-सूची

# लेखक की क़लम से

सिद्धू मूसेवाला के जीवन की सच्चाई को जानने के लिए मैंने उसके पिता, दोस्त, उसके संगीत के शिक्षक और कॉलेज के प्रोफेसर, पंजाब की संगीत इंडस्ट्री के उसके साथियों, दिल्ली पुलिस के विशेष सेल और पंजाब पुलिस के एंटी गैंगस्टर टास्क फोर्स के अधिकारियों समेत अनेक लोगों के इंटरव्यू किए हैं। मूसेवाला की जिंदगी और मौत की पुलिस जांच के अलावा संदिग्धों की धर पकड़ के सभी पहलुओं को इंटरव्यू के आधार पर जोड़ने की कोशिश की है। आमतौर पर पत्रकार अपनी खबर के लिए कई खुफिया स्रोत विकसित करते हैं। मैंने भी इस तकनीक की मदद ली। इस दौरान कितने ही ऐसे लोगों से भी बात की जो नाम नहीं छापने की शर्त पर ही बातचीत के लिए तैयार हुए। पुलिस जांच की जानकारी और संदिग्धों को गिरफ्तार करने के मामले में अदालत में पेश किए गए आरोप पत्र की मदद ली।

मेरी जानकारी के अनुसार अगर इस मामले की पैरवी सही तरीके से की जाए तो मूसेवाला की मौत के आसपास के तथ्य और अपराधी आज भी मौजूद हैं। एक बंदूकधारी रैपर और दिल को छू लेने वाले सिंगर मूसेवाला की जिंदगी को समझने के लिए मैंने उसके गीतों का विश्लेषण करने की कोशिश की है। गानों के बोलों का कम से कम और सिर्फ टिप्पणी तथा विश्लेषण के उद्देश्य से ही इस्तेमाल किया गया है। मैंने यह किताब मूसेवाला के प्रशंसकों को समर्पित करने का प्रयास किया

है। मुझे यकीन है कि लोग इस पुस्तक के जरिए मूसेवाला और उसके गीत-संगीत को समझने की कोशिश जरूर करेंगे।

यह किताब बतौर क्राइम रिपोर्टर मेरी खोज और अन्वेषण का परिणाम है। यह कहानी समकालीन पंजाब की प्रतीक है। मूसेवाला की इस कहानी को अगर पंजाब के ज्वलंत विषयों, खास तौर पर 2012 के बाद से ड्रग्स और गैंगस्टर्स के परिप्रेक्ष्य में नहीं देखा जाता तो रैप गायक के उत्थान और मौत की यह कहानी अधूरी रहेगी।

जुपिंदरजीत सिंह
नवंबर 2023

1

# आखरी सफर

29 मई 2022 की उमस भरी गर्मी की शाम पंजाबी रैप सिंगर सिद्धू मूसेवाला अपने गांव मूसा स्थित हवेलीनुमा घर से अपनी एसयूवी महिंद्रा थार में सवार हो कर निकला था। उसका चचेरा भाई गुरविंदर और दोस्त गुरप्रीत भी उसके साथ ही थे। तीनों में खूब बनती थी। सभी अपने बीसवें दशक के उत्तरार्ध में थे। सभी ने एक ही साथ पढ़ाई की थी। तीनों में से अट्ठाईस वर्ष का मूसेवाला ही अकेला अविवाहित था। वह छह फुट तीन इंच का मजबूत कद काठी का कड़ियल जवान था। एक रैपर के नाते उसने संगीत जगत में खूब दौलत और शोहरत कमाई थी। उसके करोड़ों प्रशंसक थे।

उस दिन थार मूसेवाला ही चला रहा था। उसके साथ वाली सीट पर गुरविंदर और पिछली सीट पर गुरप्रीत बैठे थे। घर से निकलते समय मूसेवाला की मां चरण कौर ने जोर दे कर कहा, 'गार्ड *ले जा पुतर, नहीं तां* फॉरचूनर *ले जा। मेरा दिल घटदा है।*'

गैंगस्टरों की कई धमकियां मिलने के बाद पंजाब सरकार ने मूसेवाला की सुरक्षा के मद्देनजर उसे चार गनमैन उपलब्ध कराए थे। लेकिन उस मनहूस दिन से ठीक एक दिन पहले ही पंजाब सरकार ने उसकी सुरक्षा में कटौती कर दो गनमैनों को वापस बुला लिया था। बाकि के दो पुलिस गार्डों में से भी उस दिन एक को बुखार था और

वह इसलिए उनके साथ नहीं जा सका। दूसरे गार्ड को मूसेवाला ने खुद ही कह दिया कि वह आराम कर ले क्योंकि वह पिछली रात ठीक तरह सो नहीं सका था। उसने गार्डों को कहा, 'बस छोटी सी राइड लेनी है गुरी और गुरविंदर साथ हैं। चौथी सवारी के लिए थार में पीछे जगह कम है।' फिर उसने अपनी मां को कहा था, 'मौसी के घर ही जा रहा हूं, ज्यादा दूर नहीं।' दरअसल वह लगभग आठ किलोमीटर दूर गांव खारा बरनाला स्थित अपनी मौसी के पास जाने की बात कर रहा था।

मगर उसकी मां जैसे संतुष्ट नहीं थी। वह चाहती थी सिद्धू अपनी टोयोटा फॉरचूनर ले जाए। यह कार बुलेटप्रूफ थी। मूसेवाला ने करीब 22 लाख रुपये खर्च करके इस गाड़ी को एक मजबूत टैंक जैसा किला बना दिया था। बुलेट से बचाव के लिए गाड़ी की खिड़कियों में 40 मिलीमीटर के मोटे शीशे लगाए गए थे। पूरी गाड़ी में अंदर की तरफ मजबूत लोहे की चादरें लगाई गई थी। यहां तक कि उसके पेट्रोल टैंक का ढक्कन तक बुलेट प्रूफ बना दिया था। गाड़ी में सब कुछ ऐसा था जो आमतौर पर पुलिस की बुलेट प्रूफ जिप्सियों में भी नहीं होता।

'*बस एक छोटी जेही गेड़ी है मां। अंदर मेरा साह घुटदा है। त्वानू पता ही है। ऊंज वी अपणे पिंड च मैंनुं कि होणा? अज थार ले जाण दा मन है,*' सिद्धू ने अपनी मां को शांत किया। पर चरण कौर के मन में कुछ कंपकंपी थी। सरपंच होने के नाते उन्हें गांव में एक ग्रामीण के घर पर चल रहे विवाद को सुलझाने के लिए जाना था। गांव में उनका दबदबा था और लोग उनकी इज्जत करते थे।

काश मूसेवाला ने उस दिन अपनी मां की बात मान ली होती। घर की चारदीवारी पर एक सीसीटीवी कैमरा लगा था। उस दिन हवेली और उस कैमरे ने मूसेवाला को आखरी बार अपनी थार से सवा पांच बजे घर से बार निकलते देखा था।

'*गोलगप्पे खांवांगे,*' गुरविंदर उस दिन मूसेवाला की उस बात को याद करता है। थार जैसे ही घर से बाहर निकली उसने मूसेवाला को बोलते सुना था। 'सिद्धू को मानसा की एक दुकान की चाट खाने

का बहुत शौक था। वैसे तो धमकियों के चलते हमें एक ही जगह पर बार-बार जाने के लिए मना किया गया था,' गुरविंदर बाद में बताएगा।

गुरविंदर बताता है उस दिन मूसेवाला गाड़ी चलाते समय कुछ गुनगुना रहा था। जब वह गुनगुनाता था तो हम उससे बात नहीं करते थे। तब वह कुछ नया बुन रहा होता था। कुछ नया रच रहा होता था।

हवेली से बाहर निकलते ही प्रशंसकों ने मूसेवाला का स्वागत किया। प्रशंसकों को देख कर मूसेवाला ने गाड़ी धीमी कर दी। लोग गाड़ी को घेर कर खड़े हो गए। कोई सेल्फी खींच रहा था तो कोई मूसेवाला से हाथ मिलाना चाहता था। प्रशंसकों की भीड़ में दो खास लोगों ने भी मूसेवाला के साथ सेल्फी खिंचवाई थी। बाद में इन दोनों की पहचान केकड़ा और निक्कु के तौर पर हुई।[1] इनमें से निक्कु ने तो अपने फोन से सेल्फी के साथ-साथ पूरी थार की वीडियो ही बना ली थी।

मगर यह कोई रील नहीं थी। वह इसे शेयर नहीं कर रहा था, बल्कि सिगनल ऐप से किसी के साथ सारी जानकारी साझा कर रहा था। बाद में निक्कु के पकड़े जाने पर उसने यह बात कुबूली। लेकिन पुलिस उसका वह फोन कभी बरामद नहीं कर सकी। इस्तेमाल करने के बाद उसने इस फोन को नष्ट कर दिया था।

मूसेवाला की गाड़ी गांव से निकल कर मेन रोड पर पहुंच गई। इसके दक्षिण पूर्व में मानसा और उत्तर में खारा-बरनाला कस्बा है। गाड़ी पश्चिम में मौसी के गांव की ओर मुड़ गई। शाम ढलने लगी थी पर सामने सूरज अभी चमक रहा था। जैसे-जैसे गाड़ी आगे बढ़ रही थी, सूरज भी धीरे-धीरे डूबने लगा था। लेकिन कौन बता सकता है कि मूसेवाला ने उस दिन डूबते सूरज को अपने अंत के प्रतीक के रूप में भी सोचा होगा।

उसका 29वां जन्मदिन ठीक चौदह दिन और शादी लगभग एक महीना बाद थी। ज्यादातर मरून रंग की पगड़ी में पटियाला शाही शाहाना अंदाज स्टाइल मूसेवाला की विशिष्ट पहचान थी। अपने श्रोताओं और प्रशंसकों के लिए अतिपुरुषत्व। वह एक जट्ट सिक्ख था। प्रमुख सिद्धू वंश का वंशज खालिस सिख।

इतिहासकारों के अनुसार सिद्धू भट्टी राजपूतों के वंशज हैं। तेरहवीं शताब्दी में उन्हें यदुवंशी माना जाता था।[2] सोलहवीं शताब्दी में वे पंजाब आ गए और बठिंडा के अलावा आसपास के इलाकों में बस गए। बाद में उन्होंने पटियाला और नाभा में फुलकियां राजवंश की स्थापना की। फरीदकोट, मलौध और जींद और मेहराज उनके बड़े गांव थे। बठिंडा का मेहराज गांव उनका प्रमुख स्थान रहा।

पंजाब के पूर्व मुख्यमंत्री कैप्टन अमरिंदर सिंह और उनके पुरखे भी इसी गांव के हैं। समय के साथ सिद्धू मानसा समेत बठिंडा के अन्य भागों में भी फैल गए। सिद्धूओं को तेजतर्रार किसान समुदाय कहा जाता है। पंजाब की कुल जनसंख्या में उनका स्थान 21 प्रतिशत है। कुल मिला कर सिद्धू पंजाब के सबसे प्रभावशाली जातीय समूहों में एक हैं।

सिद्धू मूसेवाला के हिंसक म्यूजिकल वीडियोज की वजह से अक्सर उसकी आलोचना होती थी। इन वीडियोज में उसने बंदूकें लहराईं थी। बैकग्राउंड में लग्जरी कारों की नुमाइश की थी। आक्रामकता और अतिमर्दाना व्यवहार का जम कर प्रदर्शन किया था। अब इसे मनोरंजन कहें या दर्शकों और श्रोताओं की पसंद। दरअसल उसका सार्वजनिक व्यक्तित्व उसकी जाति और वर्ग संरचना के अनुरूप ही था। उसके वीडियोज ने एक निडर विद्रोही युवक की उसकी छवि को और मजबूत बना दिया था। वह अक्सर अपने दुश्मनों को चुनौती देता था, 'आमने-सामने आना... मैं तुम सब लोगों से निबट सकता हूं।' उसने ये बात एक वीडियो में कही थी। वह जैसे फोन पर धमकी देने वालों को जवाब दे रहा था।[3]

थार सड़क पर आगे बढ़ी। मूसेवाला ने अपना प्वाइंट 455 बोर का क्रोम-प्लेटेड यूएस-निर्मित इथाका रिवाल्वर ड्राइवर के दरवाजे की साइड पॉकेट में रख दिया था। उसने इसे एक साल पहले ही खरीदा था। उसके पास उसका लाइसेंस भी था।

कीकर, टाहली, नीम और यूकलिप्टस के पेड़ सड़क के दोनों ओर लगे थे। गाड़ी अपनी गति से आगे बढ़ रही थी। कीकर का पेड़ बिना ज्यादा पानी के भी जीवित रह सकता है। इस प्रजाति का यह पेड़

लगभग पूरे पंजाब में पाया जाता है। खास कर बीहड़ों में। मालवा में यह बहुतायत में पाया जाता है और खास तौर पर मानसा और बठिंडा में इस पेड़ की अच्छी-खासी तादाद है। दो दशक पहले तक यह यहां से कमोबेश गायब ही हो गया था। लेकिन हाल ही में यह एक बार फिर से लौट आया है। यह सब कुछ किसानों, पर्यावरणविदों और सरकार की कोशिशों के चलते ही हो सका है। इसे एक करिश्मा ही कहा जा सकता है।

टाहली या शीशम राज्य का पेड़ है और इसकी मजबूत लकड़ी के लिए इसे उगाया जाता है। जबकि नीम का पेड़ पर्यावरण को प्राकृतिक रूप से साफ करने वाला माना जाता है। यूकलिप्टस समूह में अनोखा है। इस प्रजाति का पेड़ आम पेड़ों की तुलना में लगभग तीन से चार गुना ऊंचा होता है। सबसे ज्यादा पानी गटकने वाले यूकलिप्टस को पंजाब में फॉरेस्ट्री यानि वानिकी का खलनायक भी कहा जाता है। इसके बावजूद किसान और सरकार इसकी लकड़ी से होने वाले मोटे मुनाफे के लिए इसे उगाते हैं।

पेड़ों की इस श्रृंखला को पार करके थार आगे गुजरी जहां ज्यादातर खेत खाली पड़े थे। किसानों को गेहूं की फसल की कटाई हुए एक माह से अधिक समय हो चुका था। धान लगाने की तैयारी शुरू हो चुकी थी। गेहूं के डंठल में आग लगाने के बाद कुछ खेतों में काली कालिख और राख की परत जम गई थी। किसानों के लिए गेहूं के तने और जड़ों को खत्म करने के लिए आग लगाना खेतों को खाली करना सबसे सस्ता विकल्प है। इस प्रथा की हाल ही में काफी आलोचना हुई है। इससे न केवल मिट्टी की उपजाऊ क्षमता जल जाती है, बल्कि जलने से उठने वाला घने धुआं का गुबार भी आसमान में छा जाता है और इल्जाम यह आता है कि यही धुआं हवाओं के साथ पूर्व की ओर तीन सौ किलोमीटर दूर राष्ट्रीय राजधानी दिल्ली की ओर बढ़ता है। खास तौर पर साल के आखरी महीनों में पंजाब में पराली जलाने से निकलने वाला धुआं दिल्ली में धुंध में और ज्यादा बढ़ौतरी कर देता है। इससे दिल्ली के लोग हफ्तों हांफते हैं। अब अगर पंजाब प्रदूषण नियंत्रण

बोर्ड की मानें तो ऐसा हो ही नहीं सकता। पंजाब का धुआं दिल्ली तक जा ही नहीं सकता।

हालांकि उस दिन दूर कहीं एक अलग तरह की आग भड़क रही थी। ऐसी आग जिसके बारे में कभी किसी ने सोचा तक नहीं था कि इसकी लपटें जल्द ही दिल्ली को भी अपनी चपेट में लेने वाली थी।

## 2

# सिर्फ एक रैप स्टार नहीं

थार की खिड़की के बाहर कुछ खेत हल्के भूरे रंग के थे। जबकि कई अन्य खेतों में हरियाली नजर आने लगी थी। इन खेतों में मूंग के पौधे जमीन में उग आए थे। पंजाब के नए मुख्यमंत्री भगवंत मान ने मूंग के लिए न्यूनतम समर्थन मूल्य (एमएसपी) का वादा किया था। गेहूं और धान के क्रम में मूंग एक दलहन फसल है और खेतों को नाइट्रोजन जैसे प्राकृतिक पोषक तत्व प्रदान करती है।[1] उनके इस आश्वासन ने जोश से भरे मानसा जिले के कई उद्यमशील किसानों को मूंग उगाने के लिए प्रेरित किया। नतीजा 2022 में जिला मानसा दस हजार हेक्टेयर के साथ मूंग फसल की खेती में पंजाब में पहले स्थान पर आ गया।

मूसेवाला के पिता बलकौर सिंह ने भी कुछ एकड़ जमीन में मूंग की फसल बोई थी। खुद मूसेवाला ने भी अपने दो रंगों वाले एचएमटी 5911 ट्रैक्टर मॉडल से जमीन पर खेती की थी। उसके म्यूजिक लेबल का नाम भी '5911' ही था।

उसने पीले और नारंगी रंग के ट्रैक्टर पर गाने भी फिल्माए थे। इन गीतों को सुपर स्पीकर के साथ संशोधित किया गया था। मूसेवाला सिर्फ एक रैपर नहीं था। बतौर किसान भी उसकी एक अलग पहचान थी।

नरेंद्र मोदी सरकार के तीन विवादास्पद कृषि कानूनों के खिलाफ किसानों के विरोध प्रदर्शन में उसने भी भाग लिया था। सरकार की ओर

से कहा गया था कि नए कानूनों से किसानों को अपने स्थानीय बाजार के अलावा देश में कहीं भी अपनी फसल बेचने के लिए एक खुला बाजार मिल सकेगा। लेकिन पंजाब के किसानों ने नए कानूनों का विरोध करने में देश का नेतृत्व किया था। किसानों का तर्क था कि उन्हें इस बात की गारंटी नहीं दी गई कि सरकार उनके उत्पादों को एमएसपी पर ही खरीदेगी।

1980 के दशक से एमएसपी ने पंजाब में किसानों को सुरक्षा की भावना प्रदान की है। उन्हें देश का खाद्य कटोरा बनने के लिए प्रोत्साहित किया है। केंद्र सरकार ने सितंबर 2020 में नए कानून पेश किए। लेकिन किसान इसके विरोध में डट कर खड़े हो गए। उधर सरकार भी किसान प्रदर्शनों के सामने नहीं झुकी। इसके जवाब में एक देशव्यापी आंदोलन में दो सौ से अधिक किसान संघों ने अक्टूबर में राष्ट्रीय राजधानी के लिए कूच कर दिया।[2] ट्रैक्टरों और पैदल चलकर किसान टिकरी और सिंधु सीमा तक पहुंच गए। उन्होंने तीनों कानूनों को रद्द किए जाने तक अपना धरना समाप्त करने से इंकार कर दिया। नवंबर 2021 तक एक साल से अधिक समय तक किसानों का यह विरोध प्रदर्शन जारी रहा। दिल्ली की कड़ाके की ठंड के बावजूद लाखों किसानों और समर्थकों ने धरने में भाग लिया। ये विरोध बेहद कठिन था। धरने के दौरान 28 अक्टूबर को प्रदर्शनकारी किसानों के लिए धरने का सामान लाने के लिए घर जा रही, मानसा की तीन महिलाओं की एक सड़क हादसे में मौत हो गई।[3]

इसके बाद तो यह आंदोलन और ज्यादा भड़क गया। इस आग ने कई और लोगों को विरोध प्रदर्शन में शामिल होने के लिए प्रेरित कर दिया। पंजाबी फिल्म उद्योग के कई गायकों, अभिनेताओं, लेखकों और निर्देशकों ने भी इस मुद्दे के प्रति अपनी निष्ठा जताई। उन्होंने या तो वहां मौजूद रहकर धरने का समर्थन किया या सोशल मीडिया पर लाखों दुख भरे संदेश और वीडियो पोस्ट किए। गीत लिखे और गाए और किसानों के साथ एकजुटता दिखाई।

मूसेवाला उन गायकों में से एक था जिन्होंने खुले तौर पर किसानों के आंदोलन को अपना समर्थन दिया था। वह न केवल अपना ट्रैक्टर लेकर दिल्ली गया, बल्कि उसने दिल्ली में धरना स्थल पर एक गाना भी लिखा था... *पंजाब माई मदरलैंड*। इसमें कोई संदेह नहीं कि मूसेवाला खुद को एक निडर विद्रोही के रूप में देखा जाना चाहता था। कम से कम जहां तक भारत सरकार का संबंध था।

गाने के पहले दो अंतरे ही भौहें चढ़ाने के लिए काफी थे...

*ओह संता दे हथ्थां... मैंनू पंजाब कैहंदे हां।*

संतों के हाथ में तीर की ताकत की तुलना
किसी भी चीज से नहीं की जा सकती।
पंजाब कश्मीर नहीं है
जिसे तुम दबा लोगे।

पंजाबी अपने दुश्मनों को
खुलेआम चुनौती देते हैं
और बदला लेने की नौबत आती है
तो दिल्ली से भी मुकाबला कर सकते हैं।

यह इल्जाम भी लगा कि खालिस्तानी विचारक संत जरनैल सिंह भिंडरावाले के संदर्भ में उसके हर एक वाक्य से विद्रोह की बू आती थी।

इसके बाद मूसेवाला ने फिल्म *मूसा जट्ट* बनाई। फिल्म में उसने किसानों की दुर्दशा को उजागर किया। फिल्म के पोस्टरों में मूसेवाला को अपने 5911 ट्रैक्टर पर आसमान की ओर सवारी करते हुए दिखाया गया था।[4] लेकिन किसी को इस बात का कतई अंदेशा नहीं था कि उसी ट्रैक्टर को उसके अंतिम संस्कार के लिए भी इस्तेमाल किया जाने वाला था। उसकी अंतिम यात्रा में लाखों लोग भी शामिल होने वाले थे। दुनिया भर में इस यात्रा को लाइव देखा जाने वाला था।

उस दिन की यात्रा के अभी कुछ मिनट ही गुजरे थे। थार अपनी रफ्तार में जवाहर के गांव की तरफ बढ़ रही थी। मूसेवाला की मौसी का घर महज दो किलोमीटर रह गया था। गुरिंदर ने एक बोलेरो जीप को अपने पीछे आते हुए देखा।

'ये फैन होंगे...' मूसेवाला ने कहा। अक्सर फैन उसका पीछा किया करते थे। यह कोई नई बात नहीं थी। मूसेवाला ने बोलेरो को अनदेखा कर दिया। लेकिन गुरविंदर उस बोलेरो से अपनी नजरें नहीं हटा पा रहा था...

'*ऐह गड्डी हजे वी साडा पिछ्छा कर रही है...*' उसकी आवाज में चिंता थी। उसने बोलेरो के पीछे आ रही एक कोरोला कार को भी देखा।

'*छड्ड यार... फैन हार नईं मनदे... हो सकदा है सेल्फी लैण वाले होण...*।'

गुरप्रीत को याद है कि उसने मूसेवाला को फिरनी (गांव की बाहरी सड़क) की बजाय गांव के अंदर मुड़ने को कहा था। वह बताता है पता नहीं उसे इन दोनों कारों के बारे में कुछ अच्छा महसूस नहीं हो रहा था। फिरनी से बाईं तरफ मुड़ते समय थार की स्पीड कम ही हुई थी कि अचानक कोरोला कार बोलेरो को ओवरटेक करने के लिए आगे बढ़ी और मूसेवाला की थार से सट गई। मूसेवाला की दाहिनी ओर एक रविदास मंदिर और एक दोपहिया वाहन पंचर मरम्मत की दुकान थी। बाईं ओर दो घर थे और सड़क के दोनों ओर लगभग 10 फीट का एक खाली खेत था। कोरोला में सवार हमलावरों ने सरदार मलूक सिंह की नेमप्लेट वाली कोठी के गेट के ठीक पहले थार को रुकने पर मजबूर कर दिया। यहां हुई गोलीबारी में पांच गोलियां उस घर की सामने की दीवार से बरामद की गईं। जबकि कुछ गोलियां सामने मौजूद मंदिर की दीवार में धंसी हुई पाई गईं।

यह सब इतना तेजी से हुआ कि किसी को संभलने तक का मौका नहीं मिला। कोरोला की को-ड्राइवर सीट पर बैठे एक शूटर ने

एक असॉल्ट राइफल निकाली और अपनी खिड़की से थार पर गोलियां बरसाना शुरू कर दिया।

गोलियों की तड़तड़ाहट से थार दहल उठी। मूसेवाला ने अपनी इथाका पिस्तौल पकड़ ली और उन लोगों पर पांच राउंड गोलियां चलाईं। मगर उन्हें एक भी गोली नहीं लगी। ऐसा लग रहा था कि उसने जवाबी कार्रवाई करने की पूरी कोशिश की थी। भले ही उस पर पहले ही हमला हो चुका था। मगर अपने आखरी पलों में भी वह अपने गीतों की मर्दाना छवि के प्रति सच्चा रहा। फोरेंसिक विशेषज्ञों को बाद में इस्तेमाल की गई गोलियां मिलीं।

इस बीच असॉल्ट राइफल वाला आदमी थार पर गोलियां बरसाते हुए कार से बाहर निकल आया था। कई गोलियां विंडस्क्रीन और टायरों पर लगीं। गुरविंदर और गुरप्रीत अपने ऊपर बरस रही गोलियों से बचने के लिए नीचे दुबक गए। उनके पास कोई हथियार नहीं था।

बोलेरो कोरोला के पीछे रुक गई थी। इसमें से पिस्तौल थामें चार लोग नीचे उतरे और उन्होंने भी थार पर गोलीबारी शुरू कर दी। दोनों गाड़ियों के दरवाजे खुले रह गए थे।

किशोरों की तरह दिखने वाले हमलावरों में से एक ने दोनों हाथों में बंदूक पकड़ रखी थी और वह एक साथ गोलियां चला रहा था। सभी हमलावर हथियारों से लैस थे और कई मिनट तक कांच और थार के पीछे की दीवारों के मैटल से गोलियों के टकराने की गगनभेदी आवाजें ही सुनी जा सकती थी। इस बीच ड्राइविंग सीट पर बैठे कोरोला के ड्राइवर ने अपनी गाड़ी को तेजी से बैक करने की कोशिश की। बाद में जब हमलावर मौके से भागे तब भी कोरोला का दरवाजा खुला ही पड़ा था।

जैसे ही कोरोला ने थार को ओवरटेक किया पीछे से आ रहे बाइक पर सवार एक जोड़ा सड़क के किनारे पर रुक गया। किसी बड़ी गड़बड़ी की आशंका से दोनों ने बाईक को वहीं रोक लिया। इससे पहले कि उन्हें कोई वजह पता चलती, तब तक भयानक गोलीबारी शुरू हो चुकी थी। उन्होंने अपनी मोटरसाइकिल छोड़ दी और छुपने के लिए

भाग निकले। बोलेरो के पीछे चल रही दो दूसरी कारें ब्रेक लगने से तेज झटके से रुक गईं। बाद में वायरल हुए सीसीटीवी फुटेज में थार का पीछा करती बोलेरो के वीडियो को दुनिया ने देखा है।[5]

---

हमलावर वापस अपनी गाड़ियों में तेजी में सवार हो कर निकल भागे। कोरोला का टूटा हुआ दरवाजा अभी भी खुला लटका हुआ था। लोगों ने एक हमलावर को उस दरवाजे को बंद करने की कोशिश करते हुए भी देखा था।

इस बीच सड़क के एक किनारे पर अपने साथियों का इंतजार कर रहे, दो हमलावरों ने पास से गुजरती एक ऑल्टो कार को रोका और उसमें बैठे लोगों को अपने हथियार दिखा कर बाहर निकलने का हुक्म दिया। फिर उसी में सवार हो कर कोरोला कार को वहीं छोड़ कर फरार हो गए।

इस बीच बोलेरो में सवार बाकी शूटर तेजी से अपनी पहले से तय की गई जगह की ओर बढ़े जा रहे थे। उनका ठिकाना पड़ोसी राज्य हरियाणा की सड़क पर मानसा से तीन किलोमीटर दूर मौजूद एक ढाबा था। इस बीच उन्होंने अपने पीछे एक पुलिस वैन को आते देखा। पुलिस वैन से बचने के लिए बोलेरो कच्ची सड़क की ओर मुड़ गई। मगर पुलिस वालों से भरी गाड़ी बिना किसी रुकावट अपने रास्ते आगे बढ़ गई।

मगर अब बोलेरो रास्ता भटक गई थी। पुलिस के डर से हमलावर कुछ देर तक खेतों की कच्ची सड़कों पर घूमते रहे। आखिर में उन्होंने बोलेरो को वहीं छोड़ दिया और मक्की की ऊंची फसल में गायब हो गए।

पुलिस को बाद में पता चला कि चारों शूटर अपराध स्थल से बामुश्किल दस किलोमीटर दूर ख्याला गांव में एक घंटे से अधिक टाइम तक छिपे रहे थे। दिल्ली पुलिस ने अपनी जांच रिपोर्ट में इसका जिक्र किया है। पंजाब पुलिस ने अपनी चार्जशीट में कहा कि शूटर

रास्ता भटक गए और खेतों में छिप गए। अगर पुलिस ने उस समय सही एक्शन लिया होता तो सभी हमलावरों को वहीं पकड़ा जा सकता था।

इस पूरी वारदात से पीछे मुड़कर देखें तो लगता है जैसे बहुत कुछ अलग तरीके से किया जा सकता था। उस दिन अगर मूसेवाला के सभी चार गार्ड उसके साथ होते तो वह अभी भी जीवित होता। पुलिस ने तेजी से कार्रवाई की होती तो वारदात के एक घंटे के भीतर ही शूटरों को पकड़ा जा सकता था। लेकिन तब तक पंजाब पुलिस ने हरियाणा के साथ अपनी सीमाएं सील ही नहीं की। संदिग्धों की जांच के लिए कोई पुलिस बैरिकेड भी नहीं लगाए।

अधिकारी निजी तौर पर स्वीकार करते हैं कि कुछ ग्रामीणों ने अपने गांव के बाहर संदिग्ध लोगों को देखे जाने की सूचना पुलिस को दी थी। पुलिस कंट्रोल रूम की टीम को चेकिंग के लिए वहां भेजा भी गया था। मगर जब टीम खेतों में पहुंची तो वहां कोई नहीं था। इस बीच शूटरों ने विदेश में कहीं बैठे अपने मास्टरमाइंड से संपर्क किया। जिसने उनके लिए एक अलग कार भिजवा दी।

अपराध स्थल पर गोलियों से छलनी थार अब भी वहीं थी। मूसा का भव्य सितारा और भारतीय हिप-हॉप का हीरा सिद्धू मूसेवाला अपनी सीट पर गिरा पड़ा था। उसके दो साथी भी अभी तक कार के अंदर ही थे। सब कुछ खत्म हो गया तो हैरान चश्मदीद और बाकी लोग मदद के लिए आगे आए। उन्होंने मूसेवाला को कार से बाहर खींच लिया। वह अभी भी सांस ले रहा था। बंदूक की गोली के घाव से बहते खून ने उसकी नारंगी टी-शर्ट को लाल कर दिया था। उसकी पहचान वाली पगड़ी खुली पड़ी थी।

हत्यारों ने थार पर करीब तीस गोलियां बरसाई थीं। शव परीक्षण रिपोर्ट से पता चला कि पहली गोली लगने के पंद्रह मिनट के भीतर ही मूसेवाला की मौत हो गई थी। गोलियों, छर्रों और कांच के टुकड़ों से उसके शरीर में उन्नीस घाव हो गए थे।[6] उसे सात गोलियां लगी थीं। इनमें से एक उसके फेफड़ों में लगी थी। फोरेंसिक रिपोर्ट में कहा गया है कि गोलियां एके-47 राइफल, प्वाइंट 30 बोर पिस्तौल और कई नौ

एमएम की पिस्तौल से चलाई गईं थी। राइफल की एक गोली थार के टायर में भी धंसी हुई पाई गई थी।

हत्या स्थल के आसपास के लोगों द्वारा शूट किए गए वीडियो और तस्वीरों को स्ट्रीम करते समय टीवी और वेब चैनलों ने मूसेवाला के नवीनतम गीत द *लास्ट राइड* का एक अंतरा दोहराया,

*'हो चौब्बर... जनाजा मिठिये।'*

जवान लड़के की आंखों में सब कुछ बयां
हो जाता है
कि इसकी जवानी में ही जनाजा उठ जाएगा...

# 3

# पिता

'मैंने भारत की सीमाओं की रक्षा की है। क्या मैं अपने बेटे की रक्षा नहीं कर सकता...? बेशक मैं कर सकता हूं... और मैं जरूर करूंगा...।'

अपनी बड़ी हवेली के आंगन में एक खाट पर लेटे हुए बलकौर सिंह ने खुद को समझाने की कोशिश की। महलनुमा हवेली उनके गांव के बाहरी इलाके में थी। उनके छोटे दो कमरों के पुश्तैनी घर के विपरीत जो गांव के ठीक बीच में स्थित था। शुभ ने एक महीना पहले ही इस हवेली का निर्माण किया था।

'मेरे माता-पिता के लिए एक उपहार,' उसने कहा था।

उनकी नई हवेली में आर्किटेक्चर डिजाइनर था। कमरे विशाल थे और छत ऊंची थी। बिस्तर बड़े और आरामदायक गद्दे वाले थे। जो कपास की गांठों की तरह मुलायम थे। लेकिन बलकौर के लिए उनकी रस्सियों से बुनी खाट की तुलना में यह कुछ भी नहीं था। जिस पर एक पतली चादर बिछी होती थी। उन्होंने इसे ही प्राथमिकता दी थी।

परिवार को अपने नए घर में आए अभी चार हफ्ते भी नहीं हुए थे। तीन मई को अखंड पाठ के बाद बलकौर और चरण कौर के साथ शुभदीप ने अपने नए घर में प्रवेश किया था। मानसा तलवंडी साबो रोड से महज तीन सौ मीटर की दूरी पर उनकी हवेली गांव के तालाब के पास उनके पुराने घर से बड़ी और अलग थी। जहां कभी बलकौर और

चरण पहले अपने लाडले के साथ रहते थे। उस समय बलकौर सेना में थे और चरण घर के दो कमरों में से एक में प्राइमरी स्कूल चलाती थीं। नन्हा शुभदीप अपनी प्रारंभिक स्कूली शिक्षा के लिए गांव के अन्य बच्चों के बीच कमरे या कभी-कभी बाहर छोटे से आंगन में फर्श पर बिछी चटाई पर बैठता था।

जिन दिनों बलकौर घर पर होते थे, वह पुराने घर के आंगन में अपनी खाट पर दोपहर की नींद का मज़ा लेते थे। उन्हें इस विशाल हवेली में बिस्तर पर लेटे-लेटे वो सुकून भरे पल याद आ गए। पर अब रातें लंबी और तनावपूर्ण हो गई थीं। शांति पूरी तरह दूर हो गई थी। पिछली रात तो कुछ ज्यादा ही कठिन थी। पंजाब सरकार ने चार में से दो सुरक्षाकर्मियों को उनके बेटे की सुरक्षा ड्यूटी से हटा लिया था। यह खबर 28 मई को सुबह 10 बजे के आसपास आई थी और तब से बलकौर तनाव में थे। केवल दो गार्ड उनके बेटे की चौबीस घंटे सुरक्षा कैसे कर सकते हैं। उन्हें कुछ और करना होगा। बलकौर पहले से ही कई हफ्तों से रात में जागकर निगरानी कर रहे थे। उन्हें यकीन था कि वह किसी भी हमले का मुकाबला कर सकते थे। हालांकि उन्हें चेतावनी दी गई थी कि हमलावर अत्याधुनिक हथियारों, हथगोलों यहां तक कि रॉकेट लांचर तक से हमला कर सकते थे।

उस मनहूस दिन से एक रात पहले बलकौर हवेली की छत पर एक छतरी के नीचे बैठे शून्य में झांक रहे थे...

'शुभ लापरवाह है। वह भीड़ में कोई सावधानी नहीं रखता। लेकिन उसके गार्ड और दोस्त हमेशा उसके साथ रहते हैं। वो उसकी रक्षा करेंगे। वाहेगुरु ध्यान रखेंगे और घर पर वह खुद उसकी रक्षा करेंगे,' बलकौर बड़बड़ाते रहे।

बलकौर को अपने बेटे से प्यार था और शुभ अपने पिता का सम्मान करता था। उसके पिता का समर्थन और प्यार शुभ के लिए बहुत मायने रखता था। बलकौर अपने बेटे के विवादास्पद गीत 295 में उससे प्रेरित करते हुए लगते हैं। अपने गीतों में बंदूक कल्चर और हिंसा

को बढ़ावा देने के लिए विवादों और आलोचना का सामना करते हुए मूसेवाला ने गाया था: '*भावें औखी होई... एजुकेट मिलुगी।*'

> आलोचकों की भीड़ से तुम्हें कोई फर्क नहीं पड़ता।
> चाहे उनके शब्द कितने भी कठोर और आहत करने वाले क्यों न हों,
> बस एक बात याद रखना मेरे बेटे
> तुम्हारे पिता को तुम पर गर्व है।
>
> वे गलत हैं जो सोचते हैं कि तुम गिर गए हो
> उठो मेरे बैल जैसे मजबूत बेटे।
> अपने गीतों के माध्यम से लोगों को सच्चाई बताते रहो।
> भविष्य में शिक्षित दर्शक तुम को जरूर समझेंगे।

शुभदीप सिंह मूसेवाला ने पांच साल पहले ही पेशेवर तौर पर गाना शुरू किया था। लेकिन उसकी लोकप्रियता अन्य गायकों की तुलना में तेजी से बढ़ी थी। उसकी आयकर रिटर्न उसकी जबरदस्त वृद्धि का प्रमाण है।

2017-18 में उसकी आय पांच लाख से ही कुछ ज्यादा थी। लेकिन 2018-19 में यह बढ़कर 25 लाख रुपये हो गई और फिर 2019-20 में एक करोड़ से अधिक। अगले ही साल 2020-21 तक उसकी आय लगभग दोगुनी होकर तीन करोड़ रुपये पहुंच गई थी। मई 2022 में जिस महीने मूसेवाला की हत्या हुई, उसकी कीमत एक सौ करोड़ रुपये से अधिक आंकी गई। मूसेवाला के फाइनेंशियल मैनेजर बंटी बैंस ने उसकी मौत के बाद उसके गीतों का मूल्य पांच सौ करोड़ रुपये से अधिक आंका।

बलकौर सिंह के पास अपनी छह एकड़ पुश्तैनी ज़मीन थी। उनके लाडले ने अपनी मां को एक ट्रैक्टर उपहार में देने के अलावा इसमें 40 एकड़ जमीन और जोड़ दी थी। सिद्धू परिवार 25 एकड़ जमीन और खरीदने का भी विचार कर रहा था।

सिद्धू मूसेवाला का करियर तेजी से आगे बढ़ रहा था। उसके गाने *सो हाई* को 305 मिलियन से ज्यादा बार देखा गया था। वर्ष 2018 में पीटीसी पंजाबी म्यूजिक अवॉर्डस ने उसे उसके गीत *इस्सा जट्ट* के लिए बेस्ट न्यू ऐज सेंसेशन श्रेणी में नामांकित किया था। वर्ष 2019 में ब्रिट एशिया टीवी म्यूजिक अवॉर्डस (बामा) में उसने सर्वश्रेष्ठ एल्बम का पुरस्कार जीता था। उसका गीत *47* यूके मेन स्ट्रीम वीकली और न्यूजीलैंड हॉट पर टॉप 20 में शामिल हो गया था। बाकि जो तारीफें मिलीं वह अलग थीं।

बाद के साक्षात्कारों में बलकौर आश्चर्य करते रहे कि क्या उनका बेटा गलत इरादे वाले लोगों की बुरी नजर का शिकार हो गया था। लेकिन उस समय उसकी सफलता ही केवल जश्न का कारण थी।

बलकौर ने खुद को आश्वस्त करने के लिए घर के चारों ओर देखा। मीनारों के ऊपर तेज सर्चलाइटें चमक रही थीं। घर के मेन दरवाजे लगभग 14 फीट ऊंचे थे टीक वुड से बने थे। शुभ ने इन्हें विशेष रूप से बनवाया था। बलकौर ने अगले दिन गार्डों की जांच सुनिश्चित करने के लिए एक मानसिक नोट बनाया।

शेरा और बघेरा शुभ के प्यारे कुत्ते आंगन के चारों ओर घूम रहे थे। कमांडो के धारदार हथियारों की तरह तेज दांतों वाले डॉबरमैन को घुसपैठियों के मांस को तुरंत फाड़ देने के लिए प्रशिक्षित किया गया था। शुभ अक्सर उन्हें अपने हाथों से खाना खिलाता था। उसकी हत्या के बाद कई दिनों तक कुत्तों ने कुछ भी नहीं खाया।

बलकौर को अपने सैन्य जीवन के शुरुआती दिन याद आ गए। चाहे वह झाड़ियों में चूहे या खरगोश की तेज चाल हो, सांप का तेजी से

दूर रेंगना हो या अंधेरे में किसी पत्ते तक का गिरना उनकी तेज इंद्रियां सब कुछ पकड़ लेती थीं। उम्र का उनकी सतर्कता पर कोई प्रभाव नहीं पड़ा था। उन्होंने खुद को आश्वस्त किया कि अगर जरूरत पड़ी तो निश्चित रूप से वह किसी भी हमलावर को पकड़ सकते थे।

बलकौर की रोजमर्रा की एक निश्चित दिनचर्या थी। रात में अपनी स्व-निर्धारित विस्तारित गार्ड ड्यूटी के बाद सुबह कुछ घंटों के लिए सोते थे। फिर वह मानसा फायर स्टेशन पर काम करने चले जाते थे जहां वह फायरमैन के तौर पर तैनात थे। पिछला महीना फायर कर्मियों के लिए काफी व्यस्त रहा था। अप्रैल में बैसाखी का शुभ दिन कटाई के महीने की शुरुआत का संकेत देता है। किसान और उनके परिवार गांव के गुरुद्वारे के पास तालाब में डुबकी लगाते हैं और भरपूर फसल के लिए आशीर्वाद मांगते हैं। लेकिन फायर ब्रिगेड के लिए कटाई का मतलब अधिक आग बुझाना होता है। आग बुझाने के लिए उन्हें लगातार सतर्क रहना पड़ता है। गेहूं के डंठल को खत्म करने के लिए किसान खेतों में आग लगा देते हैं।

अप्रैल की फसल की आग के बाद मानसा के फायरमैन आमतौर पर 15 मई के बाद खाली रहते हैं। इसलिए बलकौर जल्दी लौट आते थे और अपनी दोपहर की नींद का मजा लेते थे। अगले ही साल उनकी रिटायरमेंट होने वाली थी। इसलिए वह अपनी बकाया छुट्टियां मना रहे थे।

शुभदीप की प्रसिद्धि लगातार फैल रही थी। लेकिन जैसे-जैसे उसके प्रशंसकों की संख्या बढ़ रही थी, उसके विरोधियों की तादाद भी बढ़ रही थी। कुछ दिन पहले उसने यूट्यूब पर लाइव आकर शुभदीप को धमकी भरे कॉल करने वालों को चुनौती भी दी थी। लाइव रिकॉर्डिंग में मूसेवाला को सिर पर परना बांधकर अपनी फॉरचूनर चलाते हुए देखा जा सकता है। उसने कैमरे के सामने उसे मिल रही धमकी भरी कॉल्स के बारे में बताया था। इनमें से कुछ कॉल कथित तौर पर उसके संगीत प्रतिद्वंद्वियों और उनके समर्थकों ने की थी। अपने वीडियो में मूसेवाला

ने ऐलान किया कि वह इस तरह की रणनीति से नहीं डरता और उसे डरने की कोई जरूरत भी नहीं थी।

उसने कहा, 'मैंने कभी किसी की पीठ के पीछे उसके बारे में कुछ भी बुरा नहीं कहा। मैं ऐसी चीजों में शामिल नहीं होता, मैं सीना ठोककर खुलकर बातें कहता हूं।'

*शुभदीप को धमकी देने वाले क्या चाहते थे?* बलकौर को हैरानी इसी बात की थी। '*पैसा...शायद हां...। मोटे तौर पर वो चाहते हैं कि हम उनके आगे समर्पण कर दें। पर हम ऐसा कुछ भी नहीं करेंगे।*'

बलकौर को अपने बेटे पर गर्व था जो एक स्व-निर्मित सितारा था। उसने अपने गीत खुद लिखे। संगीत तैयार किया और ट्रैक गाए। वह हर महीने दो या चार गाने अपलोड करता था। प्रशंसकों को उसका काम पसंद आया और उसके फॉलोअर्स लगातार बढ़ते गए। उसने अपने हर विरोधी को बहुत पीछे छोड़ दिया था। स्वाभाविक रूप से उसने संगीत उद्योग को हिला कर रख दिया था।

बलकौर को संदेह था कि उन ईर्ष्यालु संगीतकारों में से कोई ऐसी कॉल करने वालों में एक था। अगस्त 2020 में मूसेवाला ने '5911' लॉन्च किया। जिसका मकसद उभरते गायकों को अपने गाने लॉन्च करने के लिए एक मंच उपलब्ध करवाना था। शुभ की योजना नए कलाकारों को बिना कोई शुल्क संगीत तैयार करने में मदद करना था। वास्तव में कुछ मामलों में उसने पूरी प्रक्रिया के लिए भुगतान भी किया था। इतना ही नहीं वह अपनी प्रसिद्धि का उपयोग नई प्रतिभाओं को बढ़ावा देने के लिए करना चाहता था। बलकौर का मानना था कि शुभ यह सब करके उसे स्टार बनाने वाले उद्योग को कुछ इस तरह लौटाना चाहता था। फिर ऐसे साफ इरादों वाले शुभ को धमकियों के आगे झुकने की जरूरत ही क्या थी।

अपने वीडियो में सिद्धू ने कहा था, 'आओ मेरे सामने आओ। सोशल मीडिया पर नकली या गुमनाम प्रोफाइल के पीछे न छुपो। कायर धमकियां देते हैं। सिद्धू मूसेवाला डरपोक नहीं है।'

बलकौर ने सिद्धू की हिम्मत की प्रशंसा की लेकिन उसे अक्सर डांटा भी। कोई भी पिता ऐसा ही करता उन्हें लगता है। अपने बेटे की बेहतरी और सुरक्षा के लिए उसकी आलोचना करें, लेकिन अपने दिल में उसकी निडरता की प्रशंसा करें। बलकौर ने सिद्धू की हत्या के बाद एक साक्षात्कार में कहा था कि उन्हें गर्व है कि उनके बेटे के पास एक योद्धा का दिल और एक सैनिक का साहस था। वह संगीत की दुनिया का बेताज बादशाह था।

मैं अक्सर कहता था, 'भौंकने वालों पर ध्यान न दो। एक दिन खुद ब खुद खामोश हो जाएंगे,' वह बताते हैं।

अपने विद्रोही मर्दाना व्यक्तित्व के बावजूद शुभदीप हमेशा जमीन से जुड़ा आज्ञाकारी बेटा था। जब शुभ ने विद्या भारती स्कूल में अपनी शुरुआत की तो फायर स्टेशन में सुबह की ड्यूटी शुरू करने से पहले बलकौर उसे अपने स्कूटर से स्कूल छोड़ देते थे। ऐसे में अक्सर उन्हें काम पर जाने में देरी भी हो जाती थी

नन्हे शुभदीप को स्कूल छोड़ने के बाद एक दिन चीफ फायरमैन ने समय पर न पहुंचने के लिए दूसरों के सामने बलकौर को खूब डांटा। बलकौर ने अपने बेटे को यह अप्रिय बात बताई। उनके लिए शुभ को छोड़ने के अपने फर्ज के साथ अपने काम का प्रबंध करना मुश्किल हो रहा था। शुभदीप ने इस बात को गंभीरता से लिया। अगर उसके पिता को उसे स्कूल छोड़ना मुश्किल हो रहा था, तो उसने उनका बोझ कम करने का दूसरा रास्ता निकाल लिया। इस घटना का नतीजा यह हुआ कि महज दस साल की उम्र में उसने साइकिल से स्कूल जाना शुरू कर दिया। बलकौर के लिए उनका बेटा हमेशा मृदुभाषी और विचारशील लड़का ही रहा। भले ही वह कितना ही बड़ा स्टार क्यों न बन गया।

हाल ही में सोशल मीडिया पर बलकौर का किसी के साथ बहस मुबाहिसे का ऑडियो अभी भी यूट्यूब पर मौजूद है। हालांकि बलकौर का कहना है कि वह हिंसा के खिलाफ हैं। लेकिन जब बात उनके या उनके बेटे के सम्मान की होती तो वह चुप कैसे रह सकते थे।

एक दफा उन्हें मूसेवाला की एक पोस्ट पर कुछ अपमानजनक टिप्पणियां नजर आईं। यह पोस्ट एक गाने के मामले को लेकर थी जिसे शुभ ने हाल ही में रिकॉर्ड किया था। टिप्पणियां बर्दाश्त करने लायक नहीं थीं और शुभ को धमकी दी गई थी। बलकौर को पता चला कि टिप्पणी करने वाला उनके पास के गांव का ही था। उन्होंने उसके पिता का नंबर लिया और उसके पिता को समझाने की कोशिश की। उसके बेटे को अपनों से बड़ों के साथ बात करने का सलीका सिखाने को कहा। लड़के के पिता को अपने बेटे को अच्छे संस्कार देने की राय दी। बलकौर ने कहा, 'उसके लड़के को किसी के फेसबुक और यूट्यूब पेज पर अपमानजनक भाषा नहीं लिखनी चाहिए।'

दूसरी तरफ वह आदमी भी गुस्से में आ गया। उसने माफी मांगने की बजाय और ज्यादा धमकियां देना शुरू कर दिया। इस पर बलकौर ने अपना आपा खो दिया, 'हर कोई अपने घर में शेर होता है... अगर तुझ में दम है तो बाहर निकल या बता मुझे कहां आना है... मैं और मेरा बेटा शेर हैं। अपने बेटे की हिफाजत के लिए मैं किसी के भी साथ मुकाबला कर सकता हूं... वह फोन पर दहाड़ते हुए बोले थे।'

---

इन्हीं विचारों में खोए बलकौर को झपकी आ गई। थार का इंजन चालू होने की आवाज के साथ उनकी आंख एक झटके से खुली। वह चौंक कर उठे।

*ये तो हमारी थार है। क्या शुभ कहीं जा रहा है... मगर क्या वह गार्डों को अपने साथ ले गया है...* उन्होंने खुद से ही सवाल किया।

'तुम उसके साथ क्यों नहीं गए,' बलकौर गेट की ओर भागते हुए गार्डों पर चिल्लाए।

वह चिंतित थे। यह पहली बार नहीं था कि शुभ ने सुरक्षा प्रोटोकॉल तोड़ा था। लेकिन आज उनका दिल बेचैन था। एक गार्ड ने कहा, 'सरदार साहब, हमने पा जी से इंतजार करने और हमें अपने साथ

ले जाने के लिए कहा भी था। लेकिन उन्होंने कुछ नहीं सुना। उन्होंने जोर देकर कहा कि यह छोटी सी राइड है।'

बलकौर गार्डों को तुरंत कार में बैठने के लिए चिल्लाए और अपने बेटे के पीछे तेजी से निकले। एक गार्ड ने कहा, 'शुभ अपने फैन के साथ सेल्फी लेने के लिए गेट के बाहर रुके थे, फैन... सेल्फी... यह तो और भी खतरनाक है...' बलकौर बुदबुदाए... 'अगर शुभ को एक दिन भी घर के अंदर रहना पड़े, तो उसे घुटन महसूस होने लगती है। वह खुले में घूमना चाहता है। किसी की नहीं सुनता। केवल मैं ही उस पर लगाम लगा सकता हूं। उसने देखा मैं सो रहा हूं और वो बाहर निकल गया।'

पुलिस के पास दर्ज उनकी एफआईआर में बलकौर ने बताया कि जब उन्होंने मूसेवाला की थार को पकड़ने की कोशिश की तो उन्होंने एक कोरोला और एक बोलेरो को थार का पीछा करते देखा था। उन्होंने दावा किया कि उन्होंने आठ लोगों को देखा था। हर कार में चार-चार लोग थे। बाद में हमलावरों की संख्या छह निकली।

जब उन्होंने पहली बार गोलियों की आवाज सुनी तो उनका दिल बैठ गया। उसके मन में जो डर था वह उनके शरीर में फैल गया। उन्हें लगा जैसे उनके हाथ-पैर ठंडे हो गए थे। थार अभी-अभी जवाहर के मोड़ की तरफ मुड़ी थी। उसके पीछे दो कारें थीं। तभी एक असॉल्ट राइफल की तेज आवाज ने सभी को हिलाकर रख दिया।

'यह असॉल्ट की आवाज है,' एक गार्ड चिल्लाया।

'तेज़ करो,' बलकौर ने कहा।

बलकौर ने मौके पर जो देखा वह भगवान करे किसी पिता को न देखना पड़े। उन्होंने एफआईआर में घटनास्थल के बारे में बताया।

'कई लोग मेरे बेटे की थार पर फायरिंग कर रहे थे। ऐसा लग रहा था जैसे यह किसी वीडियो गेम का सीन था, जहां गोलियों की भयानक

आवाजें आ रही थीं। उनकी आंखों के सामने ही हमलावर अपनी कारों की ओर पलटे और तेजी से भाग गए।'

बलकौर ने बाद में पत्रकारों को बताया कि यह उनके लिए सब कुछ सन्न कर देने वाला था।

'मेरा बेटा... मेरा लाडला जिसे हमने मक्खन और घी से पाला था थार की सीट पर गिरा पड़ा था। उसका सिर उसकी छाती पर लटक रहा था। उसकी पगड़ी उसकी गोद में ढीली पड़ी थी। हर तरफ खून ही खून था। ज्यादातर गोलियां उसके शरीर के दाहिने हिस्से में लगी थीं। हमने उसे कार से बाहर निकाला। तब तक लोग जमा हो चुके थे। गुरविंदर और गुरप्रीत अपनी सीटों पर लेटे हुए थे। उन्होंने हमारी चीखों का जवाब दिया मगर मेरे बेटे ने कोई भी जवाब नहीं दिया।'

मानसा सिविल अस्पताल में डॉक्टरों ने शुभ को मृत घोषित कर दिया। पोस्टमॉर्टम रिपोर्ट में लिखा गया कि पहली कुछ गोलियां शुभ के दाहिने कंधे पर लगी थीं। एक गोली उसके बाएं घुटने पर लगी थी। आमतौर पर गाड़ी चलाते समय बायां घुटना दूसरे घुटने की तुलना में ऊंचा उठा होता है। हर इंसान बाएं पैर से क्लच दबाता है। एक गोली उसकी चौड़ी छाती और पसलियों से होते हुए उसके फेफड़ों को भेद गई थी। एक मजबूत और गठीला युवक मांस, हड्डियों और खून से लथपथ कपड़ों के ढेर में तब्दील हो चुका था।

'मेरा बेटा शुभदीप सिंह मूसेवाला उसकी गलती क्या थी। उस दिन वह सिर्फ आधे घंटे के लिए बाहर जाना चाहता था। वह पूरे दिन घर पर ही था और पिछले दिन भी। उसने कहा था उसका दम घुट रहा था। उसे ताजी हवा चाहिए थी। उसे बाहर घूमना था...बस आखरी बार।'

जैसे ही सिद्धू मूसेवाला की मौत की खबर इंटरनेट पर आई... वायरल... शब्द ने नया रूप ले लिया। राहगीरों, प्रत्यक्षदर्शियों और पत्रकारों द्वारा अपराध स्थल से ली गई वीडियो क्लिप और तस्वीरें हर वेबसाइट पर भर गईं।

समाचारों को सत्यापित करने की कोशिश कर रहे लोगों की भारी संख्या के कारण ऑनलाइन समाचार पोर्टल और चैनल लगभग हैंग

हो गए। यह तो होना ही था। शुभ की फैन फॉलोइंग बहुत ज्यादा थी। ट्विटर पर मूसेवाला के 16 लाख, फेसबुक पर तीन लाख से कुछ सौ कम और यूट्यूब पर जो गायकों के लिए पहली रोटी है पर 1.60 करोड़ सब्सक्राइबर थे।[1]

जैसे ही खबर की पुष्टि हुई मूसेवाला के प्रशंसक अपने नायक के अंतिम दर्शन के लिए उसके घर की तरफ बढ़ चले। सिविल अस्पताल में भीड़ बढ़ती ही गई। शुभ का शव वहीं रखा गया था। इसके बाद लोगों का हुजूम हवेली की तरफ बढ़ा। भीड़ उफनती नदी में बदल गई और फिर शोक मनाने वालों का समुद्र बन गया।

31 मई को अंतिम संस्कार के समय बलकौर अपने बेटे की ट्रैक्टर-ट्रॉली पर खड़े थे और उसकी आखरी यात्रा के लिए तैयार थे। मूसेवाला का पार्थिव शरीर ट्रॉली पर फूल-मालाओं से ढंका था। उसके सिर पर सेहरा बांधा गया था। इस मंज़र को लफ्जों में बांध पाना किसी के लिए भी संभव नहीं है। हो भी नहीं सकता। उन पलों में गम में डूबे उस पिता को जिसने भी देखा उसे झकझोर कर रख दिया। शोक में डूबे एक मजबूर पिता ने अपने सिर से पगड़ी उतार कर अपने बेटे के अंतिम संस्कार में शामिल शोक भीड़ की ओर बढ़ा दी। उन्होंने उन लाखों प्रशंसकों को नमन किया जो उस दिन उनका दुख बांटने पहुंचे थे।

जब बलकौर ने अपने बेटे को आग की लपटों के हवाले किया तो वह यह देखकर द्रवित हो गए कि कितने लोग उनके साथ विलाप कर रहे थे। उनका बेटा पंच तत्वों में लौट गया था। लेकिन इतने सारे लोगों के मन में एक छाप छोड़ने के बाद। *जल्द ही एक और शुभदीप सिंह मूसेवाला का जन्म हो। दुर्भाग्य से वह बहुत जल्दी चला गया...* उन्होंने ईश्वर से प्रार्थना की। वहां मौजूद हर आंख नम थी। हर होंठ पर यही दुआ थी।

# 4
# धमकियां

29 मई 2022 को सिद्धू मूसेवाला की मौत ने देश को हिलाकर रख दिया। उनके प्रशंसक अंदर तक हिल गए। उन्हें विश्वास ही नहीं हो रहा था कि उनका रैप आइडल अपने करियर के शीर्ष पर भरी जवानी में खत्म हो गया था। लेकिन मूसेवाला के करीबी लोगों के लिए यह हमला अचानक नहीं हुआ था। इसके लिए कई चेतावनी संकेत दिए गए थे। लेकिन यह स्पष्ट नहीं था कि हमले किस रूप में हो सकते थे। शायद हमलावर उसे घायल करने और वश में करने की कोशिश करते। उसे चेतावनी देकर छोड़ देते। हो सकता था हमला एसिड अटैक की शक्ल में होता। जहर देने की भी प्रबल संभावना थी। जरूरी नहीं कि इसका परिणाम मौत ही होता। लेकिन इतना दिया जाता कि रैप स्टार की आवाज पर बुरा असर पड़ता। आखिर उसकी आवाज ही तो उसकी जिंदगी थी।

अनकहा डर यह था कि वे उसकी हत्या कर सकते थे। वरना इतना बड़ा तमाशा बनाने के अलावा और कोई कारण नहीं था। भारत की विभिन्न सुरक्षा और ख़ुफिया एजेंसियों को ऐसे खतरों की जानकारी थी। उत्तर भारत में आपराधिक तत्वों पर नजर रखने वाले दिल्ली पुलिस स्पेशल सेल को मूसेवाला को खत्म करने की योजना की एक टिप मिली थी। अप्रैल 2022 में स्पेशल सेल ने हत्या और जबरन वसूली

के विभिन्न मामलों में दिल्ली से शाहरुख नाम के गैंगस्टर को गिरफ्तार किया था। पूछताछ के दौरान उसने खुलासा किया था कि दिसंबर 2021 में उसे एक बड़ा काम सौंपा गया था।[1]

लॉरेंस बिश्नोई और गोल्डी बराड़ ने उसे सिद्धू मूसेवाला को खत्म करने के लिए कहा था। शाहरुख ने पांच दिनों तक मूसेवाला की दिनचर्या को करीब से देखा-समझा था। उसके गांव मूसा की कई बार रेकी की थी। लेकिन मूसेवाला के प्रशंसकों की लगातार मौजूदगी और उसकी कड़ी सुरक्षा व्यवस्था से घबरा कर उसने इस योजना को खारिज कर दिया था। उसने बिश्नोई को बताया था कि इस काम के लिए उसे लंबी शूटिंग रेंज वाली बंदूक की जरूरत थी। इससे पहले कि वह कोई और योजना बना पाता, उसे गिरफ्तार कर लिया गया। जांच रिपोर्ट से पता चलता है कि शाहरुख ने गैंगस्टरों को बताया था कि या तो टेलिस्कोपिक गन वाला स्नाइपर ये काम कर सकता था या शूटरों के एक ग्रुप को मूसेवाला को खत्म करने के लिए भेजना चाहिए था या फिर बेधड़क उसके घर में घुस कर इस काम को अंजाम दिया जा सकता था।

पंजाब पुलिस को भी मूसेवाला को मिल रही धमकियों की जानकारी थी। फरवरी 2021 में मूसेवाला की मौत से लगभग पंद्रह महीने पहले पंजाब पुलिस की संगठित अपराध नियंत्रण यूनिट के अधिकारियों ने एक विशेष ब्रीफिंग के लिए मूसेवाला के साथ मोहाली में अपने इंटेलिजेंस मुख्यालय में एक बैठक की थी। भारत में किसी भी राज्य पुलिस की तरह पंजाब पुलिस के पास भी विशिष्ट प्रतिक्रिया देने के लिए अलग विंग और सेल हैं। इनका काम गैंगस्टरों पर नजर रखना और उनके खिलाफ ऑपरेशन चलाना है।

इसी क्रम में इस यूनिट के अधिकारियों ने मूसेवाला को बताया था कि उसकी जान को वाकई खतरा था। उनके पास पक्की जानकारी थी कि गैंगस्टरों के कई ग्रुपों को मूसेवाला की हत्या करने का काम सौंपा गया था। उन्होंने उसकी निजी सुरक्षा के लिए चार पुलिस गार्ड नियुक्त कर दिए थे और उसे अकेले कभी भी बाहर नहीं निकलने की सलाह

दी थी। बैठक में शामिल एक वरिष्ठ पुलिस अधिकारी ने मूसेवाला की हत्या के बाद टिप्पणी करते हुए कहा था, 'मूसेवाला को अपने प्रशंसकों के बहुत करीब नहीं जाने की सलाह दी गई थी।'

जुलाई 2021 में यूनिट के अधिकारियों ने मूसेवाला की सिक्योरिटी को अपग्रेड किया। कुछ गिरोहों के फिर से संगठित होने के आधार पर उसके जीवन के लिए खतरों का ताजा आकलन करने के बाद उसे बारह बंदूकधारियों का सुरक्षा कवर दिया गया।

नवंबर 2021 में सुरक्षा गार्डों की तादाद बढ़कर अठारह हो गई। पंजाब विधानसभा चुनाव से कुछ महीने पहले मूसेवाला ने भारतीय राष्ट्रीय कांग्रेस को ज्वाइन कर लिया था। पंजाब में उन दिनों कांग्रेस की सरकार थी। तत्कालीन पंजाब कांग्रेस अध्यक्ष नवजोत सिंह सिद्धू हिप-हॉप सुपरस्टार के पार्टी में प्रवेश को लेकर उत्साहित थे। उन्होंने ट्वीट किया था,[2] *फील्ड चैंपियन आपका स्वागत है।* मूसेवाला के सुरक्षा कवर में अब सिर्फ बंदूकधारी ही नहीं, बल्कि मानसा के पुलिसकर्मी भी शामिल थे। इससे उसे अपने प्रशंसकों के साथ अधिक स्वतंत्र रूप से घुलने-मिलने का मौका मिला। पहले लोग सिर्फ उनके प्रशंसक थे, लेकिन अब वे एक संभावित वोट बैंक थे। निर्वाचित होने के लिए उसे उनके साथ घुलने-मिलने की जरूरत थी। विडंबना यह थी कि कांग्रेस सरकार ने अपने गीतों के माध्यम से गन कल्चर और हिंसा को बढ़ावा देने और धार्मिक भावनाओं को ठेस पहुंचाने के लिए मूसेवाला के खिलाफ आपराधिक मामले दर्ज किए थे।[3] वही सरकार अब किसी भी कीमत पर उसकी रक्षा करना चाहती थी और उसी कांग्रेस पार्टी ने मूसेवाला को इलेक्शन टिकट भी दिया था।

मूसेवाला को खुद अपनी जान पर मंडराते खतरे का अहसास था। सितंबर 2019 में मूसेवाला को फिरौती के लिए पहली बार कॉल आई। फोन करने वाले ने खुद को जग्गू भगवानपुरिया बताया और प्रोटेक्शन मनी के तौर पर 50 लाख रुपये की मांग की। पंजाब में हर कोई उस नाम को जानता था। भगवानपुरिया पर आईजी कुंवर विजय प्रताप

द्वारा तैयार किए गए पंजाब पुलिस के एक डोजियर में उसके जीवन, आपराधिक रिकॉर्ड और अन्य गिरोहों के साथ नेटवर्क के अलावा राजनीतिक संरक्षण को सूचीबद्ध किया गया है। वह राज्य के सबसे खूंखार गैंगस्टरों में एक था और उसे अलग-अलग समय पर शिरोमणि अकाली दल और कांग्रेस दोनों का संरक्षण प्राप्त था।

मूसेवाला ने कॉल को नजरअंदाज कर दिया। 50 लाख रुपये यूं भी बहुत बड़ी रकम थी। इसके अलावा यह शक था कि कॉल असली है कि नहीं। मूसेवाला ने इसे मजाक बता कर खारिज कर दिया। उसके मन में यह भी विचार था कि यदि वह एक बार भुगतान कर दिया तो उसे हर बार भुगतान करना पड़ सकता था। जबरन वसूली रैकेट इसी तरह काम करते हैं।

भगवानपुरिया ने दोबारा कभी भी कॉल नहीं की। लेकिन कुछ महीने बाद मूसेवाला को एक और कॉल आई। इस बार यह कॉल अमृतसर के नामी गैंगस्टर हैरी चड्डा ने की थी। उसने भी वही मांग की थी।

मूसेवाला ने इस कॉल को भी नजरअंदाज कर दिया। तभी इन सभी गैंगस्टरों के सरगना लॉरेंस बिश्नोई का फोन आया। इस बार प्रोटेक्शन मनी एक करोड़ रुपये मांगी गई। मूसेवाला को इस कॉल के असली होने पर शक था। सिर्फ पंजाब पुलिस ही नहीं बल्कि पड़ोसी राज्य हरियाणा पुलिस को भी मूसेवाला की हत्या की साजिश की जानकारी थी। वे कुछ समय से गुप्त रूप से उसकी रक्षा भी कर रहे थे। ये आम बात नहीं थी। एक राज्य की पुलिस दूसरे राज्य के अधिकार क्षेत्र में तब तक दखल नहीं देती, जब तक कि दोनों राज्यों और केंद्रीय सुरक्षा एजेंसियों के बीच सहमति न हो। लेकिन मूसेवाला के मामले में इसे जरूरी मान लिया गया था। कांग्रेस पार्टी में शामिल होने के बाद मूसेवाला ने अपने होम डिस्ट्रिक्ट मानसा विधानसभा सीट से चुनाव लड़ा था। मानसा की सीमा हरियाणा से लगती है। ऐसे में किसी भी ग्रुप के लिए वहां हमला करना और फिर वापस हरियाणा या यहां तक कि राजस्थान की ओर भागना आसान था। चुनाव 20 फरवरी 2022 को होने थे।

इसी बीच 19 जनवरी को हरियाणा के अंबाला में एक शूटआउट हुआ। जिसमें मोहित राणा नाम का गैंगस्टर मारा गया। हरियाणा स्पेशल टास्क फोर्स एसटीएफ ने इस मामले में लॉरेंस बिश्नोई के दोनों करीबी सहयोगियों राजू बसोदी और काला राणा को गिरफ्तार किया था। उनसे पूछताछ के दौरान पता चला कि मूसेवाला को निशाना बनाने के लिए उसी गिरोह को कॉन्ट्रैक्ट दिया गया था। पूछताछ में खतरे को इतना गंभीर पाया कि पंजाबी हिप-हॉप स्टार को सुरक्षा प्रदान करने के लिए एक जिप्सी और एक बोलेरो के साथ एसटीएफ जवानों की दो टीमों को नियुक्त कर दिया गया।

एसटीएफ हरियाणा ने मूसेवाला और उसके परिवार को चारों संदिग्ध शूटरों की तस्वीरें भी जारी कर दी। मूसेवाला को सतर्क रहने और भीड़ में इन चेहरों पर नजर रखने की हिदायत दी गई। प्रशंसक अक्सर ऑटोग्राफ या सेल्फी के लिए नजदीक आने की कोशिश करते थे। इसलिए मूसेवाला को किसी के भी करीब नहीं आने की सलाह दी गई।

'फिर मैं वोट कैसे मांगूंगा,' मूसेवाला ने पुलिस से पूछा। 'मुझे जनता का विश्वास और वोट हासिल करने के लिए उनके साथ घुलना-मिलना होगा। अगर वे फूल मालाएं चढ़ाएंगे तो उनको स्वीकार भी करना पड़ेगा।'

इसके बावजूद सुरक्षा व्यवस्था चाक-चौबंद रही। धमकियां गंभीर थीं और वह खुद भी कोई जोखिम नहीं ले सकता था। 9 दिसंबर 2021 को प्रो पंजाब टीवी पत्रकार यादविंदर कर्फ्यू के साथ एक इंटरव्यू में मूसेवाला ने खुलासा किया कि कुछ लोगों ने उन्हें कपड़े के टुकड़े में लपेटी हुई एक पगड़ी उपहार में दी थी।

'मैं अपने ट्रैक्टर पर अपने खेतों की ओर जा रहा था, तब मेरी मुलाकात कुछ प्रशंसकों से हुई थी। उनमें से एक ने एक पैकेट थमाते हुए कहा कि यह एक पगड़ी है जो वह मेरे लिए उपहार के रूप में लाया था। मैंने उसे ले लिया और अपनी सीट के किनारे रख दिया। बाद में जब मैं अपनी मां को पैकेट दे रहा था, तो मुझे उसमें कुछ ठोस चीज

महसूस हुई। मैंने इसे एक तरफ रख दिया और पुलिस को फोन किया। बम निरोधक दस्ते को एक धातु की वस्तु से जुड़े तारों का उपकरण मिला। मुझे बताया गया कि यह पैकेट खोलने वाले किसी भी व्यक्ति को छर्रे लगने से घायल करने के लिए काफी बारूद था। यह घातक भी हो सकता था... उसने बताया था।'[4]

अब मूसेवाला चुपचाप बैठ नहीं सकता था। उसने आत्मरक्षा के लिए प्वाइंट 455 बोर क्रोम प्लेटेड अमेरिकन इथाका पिस्तौल और बुलेटप्रूफ जैकेट का ऑर्डर दे दिया। पगड़ी बम घटना के बाद उसने अपनी टोयोटा फॉरचूनर को एक टैंक जैसी मजबूत गाड़ी में बदल दिया।

बलकौर खुद बख्तरबंद कोर में सेवा कर चुके थे। अपने बेटे की सुरक्षा को लेकर वह सबसे ज़्यादा चिंतित थे। उनकी सुनने की क्षमता कई साल पहले युद्धक्षेत्र अभ्यास के दौरान एक टैंक दुर्घटनाग्रस्त होने के कारण एक कान से हल्की सी कम हो गई थी। लेकिन उनकी इंद्रियां खासकर खतरे को सूंघने देखने या महसूस करने की शक्ति बरकरार थी। शायद पहले से भी ज़्यादा तेज हो गई थी।

वह अक्सर सिद्धू की सुरक्षा करने वाले गार्डों को सतर्क रहने के बारे में व्याख्यान देते थे और भारतीय सेना में अपने अनुभवों के उदाहरण देते थे।

'सीमाओं की रक्षा करने वाला सैनिक एक पलक भी नहीं झपका सकता। कहीं कोई संदिग्ध हरकत न हो जाए। अगर आप पाकिस्तान की सीमा पर संतरी के रूप में तैनात हैं तो कहीं से भी गोली या मोर्टार शेल आ सकता है,' वह उनसे कहते थे।

मूसेवाला के दोस्तों, चचेरे भाइयों और संगीत सहयोगियों को भी धमकियों के बारे में पता था। आखिरकार पंजाबी संगीत उद्योग से जुड़े हर किसी ने ऐसे खतरों के बारे में सुना था या अनुभव किया था। मशहूर गायक और अभिनेता परमीश वर्मा को 14 अप्रैल 2018 को देर रात मोहाली में गोली मारकर घायल कर दिया गया था। शीर्ष पंजाबी कलाकारों और गायकों में से एक अभिनेता गिप्पी ग्रेवाल ने गैंगस्टरों की धमकियों के खिलाफ एफआईआर दर्ज कराई थी। गैंगस्टर ने सुरक्षा

राशि मांगी या परमीश जैसा हाल करने की धमकी दी।[5] कई कलाकारों, निर्माताओं, लेखकों और गायकों ने या तो गैंगस्टरों को भुगतान कर दिया था या पुलिस सुरक्षा ले ली थी।

10 मार्च 2022 को पंजाब विधानसभा चुनाव के नतीजे घोषित किए गए। आम आदमी पार्टी पंजाब में सत्ता में आ गई। पार्टी ने 117 में से 92 सीटें जीतीं। मूसेवाला चुनाव हार गया। सत्ता में आते ही 28 मई की सुबह नई पंजाब सरकार ने 424 वीवीआईपी और वीआईपी की सुरक्षा वापस ले ली या उसमें कटौती कर दी। मूसेवाला के सुरक्षा घेरे में से चार में से दो लोगों को उसके जीवन को उचित और ज्ञात खतरों के बावजूद वापस बुला लिया था। इसके अगले ही दिन मूसेवाला की हत्या हो गई।

---

अपने गीत *द लास्ट राइड* के अंतरों में मूसेवाला ने अपने जीवन विवादों और दुश्मनों की तुलना अपने आदर्श अमेरिकी रैप गायक टोपैक शकूर से की। कई मीडिया इंटरव्यू में या मंच पर प्रदर्शन करते समय मूसेवाला ने शकूर के गीतों की उन पर छोड़ी गहरी छाप को याद किया था।

उसने एक बार कहा था, 'जब से मुझे याद है मैंने शकूर के ही गाने सुने हैं।' जून 1996 में शकूर लॉस वेगस में अपनी कार से शॉपिंग मॉल से आ रहा था, तब कुछ संदिग्ध गैंगस्टर्स ने उसे गोली मार दी थी। मूसेवाला का अंत भी उसके संगीत आदर्श जैसा ही हुआ। क्या उसे कभी इस बात का अंदाजा था कि उसका हश्र भी शकूर जैसा ही होने वाला था।

# 5

# लॉरेंस बिश्नोई

अपनी एफआईआर में बलकौर ने एक नाम का उल्लेख किया... लॉरेंस बिश्नोई। उनका संदेह मूसेवाला को बिश्नोई गिरोह से मिली कई धमकी भरी फोन कॉलों पर आधारित था। लेकिन इनमें कई और भी थे। मूसेवाला सोशल मीडिया पर लोगों के साथ खुले आम बहस और टकराव में उतर आता था। इनमें से कुछ लोग सिंगर भी थे और पिता पुत्र के मुताबिक ईर्ष्या से प्रेरित भी। यह भी शक था कि मूसेवाला के राजनीतिक विरोधियों ने ही मूसेवाला को खत्म किया था।

हत्या के लगभग साढ़े तीन घंटे बाद बिना किसी गिरफ्तारी या ठोस सबूत के पंजाब पुलिस तत्कालीन प्रमुख डीजीपी वीके भावरा ने इस हत्या को पंजाब के कई गिरोहों के बीच चल रही गैंगवार करार दे दिया। बलकौर सिंह ने डीजीपी के इस दावे का विरोध किया। नवगठित आम आदमी पार्टी का यह केवल दूसरा महीना ही था।

पंजाब में सरकार और सभी विभागों पर किसी भी आपात स्थिति में तेजी से काम करने या प्रतिक्रिया देने का दबाव था। भावरा यह घोषणा करके हत्या के बारे में जनता के गुस्से को नियंत्रित करने की कोशिश कर रहे थे। पुलिस का मानना था कि हत्या का मकसद स्पष्ट होते ही पुलिस हत्यारों को पकड़ लेगी। मूसेवाला के गुस्साए प्रशंसक पहले से ही मानसा सिविल अस्पताल में जमा हो गए थे। वे नारे लगा

रहे थे। न्याय की मांग कर रहे थे। पुलिस ने यह भी दावा किया था कि बिश्नोई गिरोह ने गैंगस्टर से राजनेता बने विक्की मिद्दुखेड़ा की हत्या का बदला लेने के लिए मूसेवाला की हत्या की थी। मिद्दुखेड़ा की सात अगस्त 2021 को हत्या कर दी गई थी। इशारा शगनप्रीत सिंह की ओर था, जो कभी मूसेवाला का मैनेजर था और पुलिस के मुताबिक उस हत्या का मेन साजिशकर्ता भी।

पुलिस का तुरंत एक्शन एक ए-सूचीबद्ध वांटेड गैंगस्टर गोल्डी बराड़ के फेसबुक पोस्ट पर आधारित था। उसके बारे में कहा जाता है कि वह अभी तक कनाडा में कहीं छिपा है और लॉरेंस बिश्नोई का दायां हाथ है। पोस्ट में गोल्डी बराड़ ने मूसेवाला की हत्या की जिम्मेदारी ली थी।

'मैं गोल्डी बराड़ दावा करता हूं कि मैंने लॉरेंस बिश्नोई और सचिन बिश्नोई के साथ मिलकर सिद्धू मूसेवाला की हत्या करवाई है। उसकी हत्या इसलिए की गई, क्योंकि उसने हमारे भाइयों विकी मिद्दुखेड़ा और गुरलाल बराड़ की हत्या में बड़ी भूमिका निभाई थी।'[1]

लेकिन बलकौर सिंह ने इन हत्याओं के लिए अपने बेटे की संलिप्तता से साफ इंकार कर दिया। यहां तक कि उन्होंने शगनप्रीत के मूसेवाला का मैनेजर होने के दावे तक को खारिज कर दिया।

सिविल अस्पताल में स्ट्रेचर पर बेसुध पड़े अपने बेटे के शव के पास बैठे बलकौर को किसी चमत्कार की उम्मीद थी। कुछ तसल्ली, कोई जवाब, कोई आशा। उन्होंने भरे गले से कहा, 'यह केवल हमारे खिलाफ नहीं बल्कि राज्य के खिलाफ अपराध है।' बलकौर को विश्वास नहीं था कि उनका बेटा किसी व्यक्ति की हत्या में भी शामिल हो सकता था। उन्होंने अपने बेटे को गैंगस्टर कहने के लिए पंजाब के डीजीपी और राज्य सरकार की असंवेदनशीलता की आलोचना की थी। अगले दिन पंजाब के मुख्यमंत्री और डीजीपी ने अपने बयानों और सुरक्षा वापस लेने पर माफी भी मांगी। लेकिन हत्या पर सवाल आज तक बरकरार है...।

'लॉरेंस बिश्नोई के पास सभी जवाब होंगे। पुलिस को किसी नतीजे पर पहुंचने से पहले उससे पूछताछ करनी चाहिए। मेरे बेटे को गैंगस्टरों ने मार डाला क्योंकि उसने गैंगवार के कारण नहीं, बल्कि उनके द्वारा खींची गई सीमा पर चलने से इंकार कर दिया था,' बलकौर सिद्धू उन पत्रकारों पर चिल्ला पड़े थे, जिन्होंने उन पर पुलिस द्वारा दिए गए बयानों पर प्रतिक्रिया देने के लिए दबाव दिया था।

लॉरेंस बिश्नोई एक घरेलू नाम बनने और अपने नापाक कारनामों के लिए खबरों में आने से पहले ही चर्चा में आ गया था। भारत बहुत अलग कारणों से बिश्नोई समुदाय से परिचित है। पंद्रहवीं शताब्दी के संत श्री जंबेश्वर जी के अनुयायी बिश्नोई कट्टर वन्यजीव संरक्षणवादी माने जाते हैं। इनमें से सभी लोग प्रकृति के साथ शांतिपूर्ण और सामंजस्यपूर्ण जीवन जीते हैं। बिश्नोई न केवल सख्त शाकाहारी हैं, बल्कि अपनी आत्मरक्षा तक के लिए उन्हें जानवरों को मारने का नियम नहीं है। बिश्नोई लोगों के लिए वन्य जीवन पवित्र है और वे हर कीमत पर इसकी रक्षा करते हैं। यहां तक कि सूखी मृत लकड़ी में भी किसी जीवित जीव के निशान की सावधानी पूर्वक जांच किए बिना नहीं जलाया जाता।

बिश्नोई लोगों ने तब राष्ट्र का ध्यान खींचा था, जब 1998 में इस समुदाय के सदस्यों ने एक संरक्षित भूमि पर शिकार के लिए निकले अभिनेता सलमान खान का पीछा किया था। सलमान अपनी फिल्म *हम साथ-साथ* हैं की शूटिंग के लिए यहां आए थे। वह और उनके फिल्म उद्योग के कुछ दोस्त भी उनके साथ थे। उनके खिलाफ चिंकारा और काले हिरण को मारने का मामला दर्ज किया गया था। इसके बाद चली लंबी कानूनी लड़ाई में कई गवाह मुकर गए या लापता हो गए।[2] लेकिन इस मामले के सलमान के खिलाफ दो चश्मदीद गवाह बागड़ों की ढाणी के कांकणी गांव वासी पूनम चंद बिश्नोई और चोगाराम बिश्नोई अपने बयानों पर दृढ़ता से कायम रहे।[3] मगर बाद में उनकी भी मौत हो गई। इस घटना को बीस साल से अधिक समय बीत चुका है और खान अभी तक जमानत पर बाहर हैं। लेकिन बिश्नोई समुदाय सुपरस्टार के

खिलाफ मामले की पैरवी कर रहा है और चाहता है कि इसके लिए सलमान को दंडित किया जाए।

पर्यावरण की रक्षा बिश्नोई समाज का पहला नियम है। कहा जाता है कि 1730 में अमृता देवी के नेतृत्व में 363 बिश्नोई लोगों ने मेवाड़ सेना से जोधपुर जिले के खेजड़ली गांव में खेजड़ी पेड़ों के एक उपवन की रक्षा के लिए अपने प्राणों की आहुति दी थी। इस साहसिक कार्य का आधुनिक चिपको आंदोलन पर बड़ा प्रभाव रहा है।

ज्यादातर बिश्नोई पंजाब, राजस्थान और हरियाणा में बसे हुए हैं। समुदाय का एक बड़ा समूह पंजाब के फाजिल्का जिले में है जहां अबोहर मुख्य शहर है। इस बेल्ट के केंद्र में अबोहर वन्यजीव अभ्यारण बिश्नोई लोगों के पवित्र काले हिरणों के लिए एक सुरक्षित आश्रय स्थल है। इस अभ्यारण के किनारे बसा है एक गांव दातरांवाली। इसी गांव में लॉरेंस बिश्नोई का जन्म 12 फरवरी 1992 को हुआ था।

लगभग साढ़े पांच फीट लंबा लेकिन मजबूत शरीर वाला लॉरेंस किसी फिल्म स्टार जैसा दिखता है। पंजाब, हरियाणा, राजस्थान और दिल्ली की पुलिस टीमों द्वारा बनाए गए उसके प्रोफाइल डोजियर के अनुसार लॉरेंस अपने वर्कआउट को लेकर बेहद सतर्क है। एक चौड़े पहलवान की छाती पर उसके बाइसेप्स, ट्राइसेप्स, डेल्टोइड्स, ट्रेपेजियस और मसल्स साफ नजर आते हैं। वह अखाड़े में बॉडीवेट के साथ वर्कआउट करने के अलावा एक सख्त फ्री वेट व्यायाम आहार का पालन करता है। दस्तावेजों में कहा गया है कि लॉरेंस एक ब्रह्मचारी है जो ज्यादातर लंगोट पहनता है और ध्यान में आठ घंटे तक बिताता है। कभी-कभी ऐसा कहा जाता है कि वह आधी रात को तिहाड़ जेल में अपनी कोठरी में ध्यान में बैठता है और सूर्योदय से काफी पहले उठ जाता है। नाम न छापने की शर्त पर कुछ पुलिस अधिकारियों का कहना है कि उसकी गहरी आंखें किसी भी इंसान को पूरी तरह से स्कैन करने की क्षमता रखती हैं।

लेकिन साधना तो रावण भी करता था। मूसेवाला के परिवार और प्रशंसकों के लिए लॉरेंस किसी रावण से कम नहीं था।

इस युवा ने अपराध की दुनिया की ओर रुख क्यों किया इसकी भी अलग कहानी है। लेकिन तय यह भी है कि यह सब पैसे के लिए नहीं था। लॉरेंस का परिवार गांव के सबसे धनी लोगों में से एक है। यह परिवार गांव की एक बड़ी हवेली में रहता है और उसके पास लगभग 110 एकड़ जमीन है। उसके पिता लविंदर बिश्नोई आठवीं क्लास से आगे नहीं पढ़े और जमीनदारी में ही खुश हैं। उसकी मां सुनीता हरियाणा में डबवाली के पास ज्योतांवाली गांव की निवासी थी। स्नातक होने के बावजूद वह एक गृहिणी है। लविंदर और सुनीता के दो बेटे हैं लॉरेंस और छोटा अनमोल। दोनों भाई मूसेवाला हत्याकांड के मुख्य आरोपी हैं।

मूसेवाला मामले में नाम आने से पहले ही लॉरेंस चर्चा में है। जनवरी 2018 में जबरन वसूली और सलमान खान को जान से मारने की धमकी देने के एक मामले में पुलिस ने जोधपुर अदालत में पेश किया था। यहां अदालत के बाहर उसका इंतजार कर रहे मीडिया के सामने उसने सलमान खान को जोधपुर में मार डालने का ऐलान किया था। उसने कहा था, 'तब सब को हमारी असली पहचान के बारे में पता चल जाएगा।'[4]

छह महीने बाद छह जून को लॉरेंस के करीबी संपत नेहरा को हरियाणा पुलिस ने गिरफ्तार कर लिया। पूछताछ करने पर उसने पुलिस को बताया कि उसने सलमान खान के घर की रेकी की थी। सलमान की हरकतों पर नजर रखी थी और उसकी कई तस्वीरें भी खींची थीं। नेहरा ने कहा कि वह लॉरेंस बिश्नोई के निर्देशों का पालन कर रहा था। उसका काम काले हिरण की हत्या के लिए सलमान को खत्म करना था। इसमें कोई शक नहीं कि कुछ ही बरसों में लॉरेंस एक ताकतवर गैंगस्टर बनकर उभरा, जो खान जैसे बड़े सितारे को भी खुलेआम धमकी दे सकता था। लॉरेंस के एक 52 वर्षीय रिश्तेदार रमेश बिश्नोई

का दावा है कि पुलिस ने लॉरेंस को एक राक्षस के रूप में पेश किया है। लेकिन वह ऐसा नहीं है।

ऑल इंडिया जीव रक्षा बिश्नोई सभा के अध्यक्ष रमेश लॉरेंस और वे दादा-भाई हैं। लॉरेंस का परिवार सबसे धनी है। इस परिवार के दोनों बेटे आपराधिक मामलों का सामना कर रहे हैं। वह अफसोस जताते हैं।

रमेश बताते हैं आखिर लॉरेंस का असामान्य सा नाम उसकी मां सुनीता ने क्यों चुना। उसका नाम ब्रिटिश सैन्य अधिकारी हेनरी मौंटगुमरी लॉरेंस के नाम पर रखा गया था। हेनरी लॉरेंस ने सनावर के प्रसिद्ध लॉरेंस स्कूल की स्थापना की थी। वह उसे लॉरेंस बुलाती थी क्योंकि वह अंग्रेजों की तरह गोरा-चिट्टा था। उसे उम्मीद थी कि उसका बेटा हेनरी लॉरेंस की तरह एक बड़ा नाम बनेगा। जिसने कभी कुलीन और उच्च वर्ग के लिए हिमाचल की खूबसूरत पहाड़ियों में एक स्कूल की स्थापना की थी।

हालांकि उसकी मां ने ऐसे कितने ही सपने संजोए होंगे, लेकिन बेटा कई लोगों के लिए एक बुरा सपना साबित हुआ। उसने गिरोहों की एक श्रृंखला तैयार की और जहां भी गया खून के निशान छोड़ता चला गया। रमेश के विवरण और विभिन्न राज्यों के पुलिस दस्तावेजों को पढ़कर कोई भी लॉरेंस बिश्नोई के कठोर अपराधी के रूप में उभरने से पहले के जीवन को समझ सकता है। उसने अपने गांव से लगभग नौ किमी दूर अबोहर के एक कॉन्वेंट स्कूल में 12वीं कक्षा तक पढ़ाई की। लॉरेंस एक अच्छा छात्र था और एक समय उसने छात्रवृत्ति भी अर्जित की थी। ऐसा नहीं था कि उसे इसकी कोई जरूरत थी।

रमेश बताते हैं लॉरेंस दूसरे बच्चों की तरह वैन में स्कूल जाता था। लेकिन आठवीं क्लास के बाद वह अपनी बाइक से जाने लगा था। उसे ब्रांडेड कपड़े पसंद थे। उसके लिए 10 हजार रुपये से ज्यादा कीमत के जूते पहनना कोई बड़ी बात नहीं थी। वह आज भी उस स्टाइल को बरकरार रखता है। साथ ही वह गांव के गरीब परिवारों के बच्चों की भी मदद करता था। जरूरतमंदों को घर लाना अपने माता-पिता से मदद

मांगना उसके लिए आम बात थी। वह अंतर्मुखी लड़का था लेकिन गांव और स्कूल में उसके कई अनुयायी थे।

2008 में स्कूल खत्म करने के बाद लॉरेंस ने डीएवी कॉलेज चंडीगढ़ में दाखिला लिया जहां उसकी छात्र राजनीति बढ़ गई। लॉरेंस के पास पैसा, स्टाइल और हिम्मत थी। उसके लिए छात्रों को अपना मुरीद बनाना आसान था। उनमें से कई उसके लाइफ स्टाइल का खर्च की तरफ आकर्षित होते थे। चंडीगढ़ पुलिस के एक डीएसपी जिन्होंने कॉलेज में एक विवाद के खुलासे के बाद लॉरेंस को गिरफ्तार किया था बताते हैं शायद अपने मुरीदों की वजह से ही वह कॉलेज के पहले वर्ष में पंजाब विश्वविद्यालय के छात्र संगठन सोपू में शामिल हो गया था। डीएवी कॉलेज पंजाब विश्वविद्यालय से संबद्ध है। हर साल सितंबर-अक्टूबर में कॉलेज और यूनिवर्सिटी में छात्र संगठनों के चुनाव होते हैं। लॉरेंस ने 2009 में यह चुनाव लड़ा लेकिन हार गया। ऐसा प्रतीत होता है कि यह हार इस युवा छात्र नेता को अच्छी नहीं लगी। एक अन्य पुलिस अधिकारी जिसने लॉरेंस से उसके पहले मामले में पूछताछ की थी बताते हैं, 'शायद वह विरोध सहने का आदी नहीं था। यह केवल दुर्भाग्य ही हो सकता है कि वह छात्र चुनावों को लेकर विवादों में आ गया।'

पुलिस के विश्वस्त सूत्र बताते हैं पुलिस डोजियर के अनुसार लॉरेंस कॉलेज में पूर्व छात्र नेताओं जसविंदर सिंह रॉकी, विक्की मिद्दुखेरा, गोल्डी बराड़ और संपत नेहरा (जिसे बाद में लॉरेंस ने सलमान खान की हत्या करने का काम सौंपा था) की कंपनी में चला गया। इन लोगों का उसके जीवन पर बड़ा प्रभाव पड़ा। आखिरकार लॉरेंस के शुरुआती संबंधों ने उसे वह बना दिया जो आज वह है और शायद जिसके कारण सिद्धू मूसेवाला की हत्या भी हुई।

चुनाव हारने के बाद लॉरेंस और सोपू के सदस्यों के बीच नियमित रूप से गरमागरम बहस हुई। झगड़े आम हो गए। आरोप लगाया गया कि लॉरेंस ने एक बार गुस्से में अपने विरोधी की कार में आग लगा दी थी। अप्रैल 2010 में ऐसे ही एक झगड़े में पुलिस ने लॉरेंस और उसके दोस्तों को गिरफ्तार कर लिया। हालांकि इन झगड़ों से उसकी

सार्वजनिक स्थिति मजबूत होती दिख रही थी, क्योंकि अगले सत्र में लॉरेंस को सोपू का प्रमुख नियुक्त किया गया था। उसकी ताकतवर छवि तब और मजबूत हो गई जब अक्टूबर 2010 में लॉरेंस और उसके दोस्तों ने एक और विवाद में गोलियां चला दीं।

पंजाब की छात्र राजनीति में विक्की मिद्दुखेड़ा के साथ उसकी दोस्ती शायद सबसे मजबूत थी। मृदुभाषी और विनम्र मिद्दुखेड़ा ने युवा लॉरेंस को अपना मुरीद बना लिया था। उसने चंडीगढ़ की छात्र राजनीति में लॉरेंस को उसकी जगह बनाने में मदद की थी। इन बरसों में उनकी दोस्ती इतनी मजबूत हो गई कि वह मिद्दुखेड़ा को अपना बड़ा भाई मानने लगा था। विक्की मिद्दुखेड़ा आगे चलकर यूथ अकाली दल का नेता बन गया। जबकि लॉरेंस का नाम धीरे-धीरे अंडरवर्ल्ड में गिना जाने लगा। जेल में उसके साहसी स्वभाव के कारण उसे अपराध का जीवन अपनाने के लिए प्रेरित किया। आज उसके खिलाफ पंजाब, हरियाणा, राजस्थान और नई दिल्ली में 39 आपराधिक मामले दर्ज हैं।

इनमें से एक सबसे बड़े मामले में दिल्ली पुलिस ने लॉरेंस और उसके गैंगस्टरों पर कठोर महाराष्ट्र संगठित अपराध नियंत्रण एक्ट मकोका तक लगाया है।[5]

मकोका जैसा कि नाम से पता चलता है महाराष्ट्र सरकार ने राज्य और विशेषकर मुंबई में पनप रहे गिरोहों और माफियाओं से निपटने के लिए इस एक्ट को लागू किया गया था। यह एक्ट समाज के लिए खतरनाक माने जाने वाले गैंगस्टरों और माफियाओं को 180 दिनों तक बिना मुकदमे के कारावास की अनुमति देता है। अधिनियम में यह भी प्रावधान है कि एक पुलिस अधिकारी के समक्ष स्वीकारोक्ति अदालत के समान स्वीकार्य है।

गृह मंत्रालय ने फरवरी 2002 में मकोका को अपनाया। पंजाब की भी ऐसी ही योजना थी लेकिन राज्य के राजनीतिक दल अभी तक इसको लागू करने पर सहमत नहीं हुए हैं। दिल्ली एनसीआर के गैंगस्टरों और शूटरों के साथ मिलकर एक सिंडिकेट स्थापित करने के नाते लॉरेंस पर 2021 में दिल्ली में मकोका के तहत मामला दर्ज किया गया।

सिंडिकेट में नौएडा, गुड़गाव, फरीदाबाद और गाज़ियाबाद शामिल हैं। सिंडिकेट का हरियाणा, राजस्थान और उत्तर प्रदेश के अन्य क्षेत्रों में भी संबंध और प्रभाव था। नेटवर्किंग और प्रसिद्धि के जरिए गैंग की ताकत बढ़ गई थी।

29 मई की शाम करीब साढ़े छह बजे दिल्ली की तिहाड़ जेल में एक मोबाइल फोन की घंटी बजी। फोन लॉरेंस के साथी कैदी दिल्ली के एक गैंगस्टर का था। कॉल सिग्नल ऐप के जरिए किया गया था जैसा कि पुलिस को बाद में पता चला।

चौंसठ दिन बाद उस दिन हुई बातचीत प्रेस में लीक होने के बाद सामने आई।

कॉल...फोन तीन बार बजता है और फिर उत्तर दिया जाता है।

कॉलर—हेलो।

रिसीवर—नमस्ते।

कॉलर—हेलो।

रिसीवर—नमस्ते हांजी जी।

कॉलर—हुम्म। बात हो सकती है क्या बोलना संभव है?

रिसीवर—हां बिलकुल हो सकती है...

कॉलर—बात करवाना बहुत जरूरी है।

रिसीवर—हांजी बस एक मिनट...।

कॉलर—हांजी थोड़ा जरूरी है ऐसे ही रखना इंपॉरटेंट है काटना नहीं।

रिसीवर—हां... लाइन पर रहो...

इसके बाद 27 सैकंड का लंबा विराम। इस दौरान तेज कदमों की आवाज और सांसों को सुना जा सकता है। ऐसा लगता है कि मोबाइल फोन रखने वाला व्यक्ति कहीं जा रहा है।

जब आवाज दोबारा सुनाई देती है तो वह किसी और की होती है। पुलिस का कहना है कि यह लॉरेंस ही था।

रिसीवर—नमस्ते।

कॉलर—(शुरू में कुछ समझ नहीं आता... गुरुओं को प्रणाम जैसा कुछ कहता है... फिर अपनी बात शुरू करता है, मुबारकां बहुत बहुत भ्रा नूं। ज्ञानी चढ़ा ता गड्डी) बहुत-बहुत बधाई भाई। ज्ञानी को मार दिया।

लॉरेंस—*की?*

कॉलर—*ज्ञानी चढ़ा ता गड्डी।*

लॉरेंस—*हैं?*

कॉलर—*ज्ञानी चढ़ा ता गड्डी।*

लॉरेंस—*कि कर ता* (क्या कर दिया)?

कॉलर—ओह... *ज्ञानी चढ़ा ता गड्डी। मूसेवाला मार ता*

लॉरेंस—*चंगा।*

कॉलर—*हं... जी*

लॉरेंस—*मार ता* (मार दिया)?

कॉलर—*हां...* हम्म।

लॉरेंस—ठीक है *कट* दे।

---

मूसेवाला की मौत के एक घंटे बाद बिश्नोई के प्रमुख सहयोगी गोल्डी बराड़ ने फेसबुक पर एक पोस्ट लिखकर हत्या की जिम्मेदारी ले ली। यह पोस्ट दुनिया भर में वायरल हो गई। वह संदिग्ध प्रसिद्धि जो हर गैंगस्टर चाहता है। एक दिन बाद पंजाब पुलिस ने बराड़ के खिलाफ लुक आउट नोटिस जारी किया। जो उनके रिकॉर्ड के मुताबिक कनाडा में कहीं छिपा हुआ था। पुलिस ने गैंगस्टर की भारत वापसी के लिए कनाडाई सरकार के साथ प्रत्यर्पण प्रक्रिया शुरू करने के लिए गृह मंत्रालय को सूचित किया। लेकिन बराड़ अभी तक वापस नहीं लौटा है।

# 6

# हत्यारे

**मनप्रीत सिंह उर्फ माणु...**

उसकी जिंदगी का एक ही मकसद था। *खून... खून और खून...* । मोगा के निहाल सिंह वाला के खोसा गांव का मनप्रीत माणु। उसे माणु कूस्सा या माणु के नाम से भी जाना जाता है। जब चिट्टा यानि हेरोइन का एक शॉट उसके दिमाग पर हावी हो जाता था तो वह इसी लफ्ज को दोहराता रहता था। वह ऊंची जाति के लोगों को मारने की सोचता। उन लोगों के बारे में सोचता जो उसे परेशान करते थे।

माणु एक दलित परिवार का सदस्य था। कुछ पीढ़ियां पहले इस परिवार ने सिख धर्म अपना लिया था पर यह परिवार सहजधारी सिख था। इसका मतलब यह अमृतधारी सिक्ख परिवार नहीं था। माणु ने अपने बाल भी कटवा दिए थे।

जाटों जैसे उच्च जाति के सिखों ने अक्सर सिख दलितों पर अत्याचार किया है। माणु की अपराध की दुनिया में शुरुआत कथित तौर पर ऐसी ही एक घटना के कारण हुई थी।

बंदूकधारी गैंगस्टर बनने से पहले बत्तीस वर्षीय मनप्रीत अपने गांव में बढ़ई के रूप में सीधी-सादी जिंदगी जी रहा था। एक पुलिस अधिकारी बताते हैं उसके बाजू मजबूत थे। शायद उसके कठोर काम की वजह से उसका ऐसा मांसल शरीर बन गया था। वजह कोई भी

रही हो मगर उसे उसकी असाधारण मजबूत बांहों के लिए जाना जाने लगा जाता था।

अगर शक्तिशाली जट्टों के एक ग्रुप ने उसकी बहन को तंग करना शुरू नहीं किया होता तो, शायद जीवन इसी तरह चलता रहता। परिवार ने पहले तो इसे नजरअंदाज करने का फैसला किया। फिर एक दिन वह पीली और डरी हुई आंखों के साथ घर लौटी। जल्द ही उसने घर से बाहर निकलना बिल्कुल बंद कर दिया। यह अगस्त 2010 की बात है।

माणु अब और सहन नहीं कर सकता था। उसका खून खौल रहा था। उसने अपनी बहन का पीछा करने वालों से मुकाबला करने का फैसला किया। केवल एक लाठी और अपने दोस्त सुखराज और कुछ अन्य लोगों के साथ उसने उन जट्ट लड़कों को पीटा जो उसकी बहन को परेशान कर रहे थे। उसे गिरफ्तार कर लिया गया और उसके खिलाफ हत्या के प्रयास का मामला दर्ज किया गया। एक पुलिस अधिकारी मानते हैं जंगली पेड़ों को केवल छटाई करके ही अनुशासित किया जा सकता है। एक साल बाद जब माणु जमानत पर बाहर आया तो उसने अपनी मां से वादा किया कि वह दोबारा हिंसा नहीं करेगा। और शायद उसका यही मतलब भी था। लेकिन उसकी बहन और परिवार को परेशान करने वाले फिर से सामने आ गए।

जट्टों ने अलग-अलग बहानों से उसके परिवार को परेशान करना शुरू कर दिया। आरोप लगे कि लोकल पुलिस ने भी उनकी मदद की। इसके बाद एक बार फिर झगड़ा होना तय हो चुका था। बार-बार उकसावे के चलते एक विवाद हुआ और माणु कूस्से पर 11 अगस्त 2014 को हत्या के प्रयास के लिए फिर से मामला दर्ज किया गया।

इस बार माणु अपने दोस्त सुखराज के साथ जेल से भागने और हथियार हासिल करने में कामयाब हो गया। इसके बाद इन हथियारबंद लोगों ने जट्टों से बदला लेने की ठान ली। वर्ष 2014 के दौरान 11 सितंबर को माणु ने अपने खेतों की जुताई करने के लिए जा रहे ट्रैक्टर सवार जुगराज सिंह को गोली मार दी। तब तक माणु को यह पता नहीं

था कि जुगराज गैंगस्टर सुखप्रीत सिंह उर्फ बुड्ढा का करीबी दोस्त था। बुड्ढा खूंखार दविंदर बंबीहा गिरोह के टॉप गैंगस्टरों में एक था।

अब बुड्ढे के साथियों ने माणु के परिवार को परेशान करना शुरू कर दिया। उसके परिवार पर उसका ठिकाना बताने का दबाव डाला गया। जवाब में माणु ने बुड्ढे के साथी गगना को घेर कर उसके दोनों टखनों पर गोली मार दी। इससे मामला और बिगड़ गया। गगना सुखप्रीत बुड्ढा का चचेरा भाई था। मामला अब बुड्ढा और दविंदर बंबीहा गैंग के लिए निजी हो गया। एक साल से अधिक समय बाद 2015 के अंत में मोगा पुलिस ने माणु को पकड़ लिया और उसे फरीदकोट जेल में डाल दिया सीधे बुड्ढे की मांद में। बुड्ढा उसी जेल में एक विचाराधीन कैदी था। उसने एक रात माणु को घेर लिया और उसे नंगा करके बुरी तरह से पीटा। उसके साथी हरजीत सिंह उर्फ पेंटा के नेतृत्व में हमलावरों ने इस पिटाई का वीडियो रिकॉर्ड किया। इन लोगों का माणु के सिर पर चप्पलों से वार किया। यह अपमान की पराकाष्ठा थी।

जाट भूमि में दलितों के साथ भेदभाव को अहम नहीं माना जाता। हालांकि भारतीय संविधान के अनुसार यह व्यवहार अवैध, अमानवीय और गैरकानूनी है। मगर इसकी जड़ें बहुत गहरी हैं। माणु के परिवार ने इस विश्वास के साथ सिख धर्म अपनाया था कि समाज में उसकी स्थिति में सुधार होगा। सिख धर्म में सभी मनुष्यों को एक जाति और एक इंसान के रूप में देखा जाता है। लेकिन वास्तविकता बहुत अलग है। हमलावरों ने न सिर्फ माणु की पिटाई की बल्कि दूसरों के लिए सबक और चेतावनी के तौर पर इसका वीडियो सोशल मीडिया पर वायरल भी कर दिया।

जेल में माणु की पिटाई और अपमान का सिलसिला जग्गू भगवानपुरिया के उसी जेल में स्थानांतरित होने तक जारी रहा। जग्गू बंबीहा गिरोह का दुश्मन था। दुश्मन का दुश्मन दोस्त होता है। जग्गू ने माणु को अभयदान दे दिया। बैरक में उसकी रक्षा की। इतना ही नहीं उसके अदालती मुकदमे के लिए पैसों का भी इंतजाम किया। माणु के लिए जग्गू एक फरिश्ता साबित था। अब वह सुरक्षित था।

एक साल बाद जमानत पर रिहा होने के बाद वह गैंगस्टर जग्गू भगवानपुरिया का खास आदमी बन कर बाहर निकला। उसी के माध्यम से वह भी लॉरेंस बिश्नोई सिंडिकेट से जुड़ गया। अब उनका एक सांझा दुश्मन था... दविंदर बंबीहा... सुखप्रीत बुड्ढा... लक्की पटियाल गैंग।

भगवानपुरिया के एक अन्य दोस्त के माध्यम से माणु की मुलाकात जगरूप सिंह उर्फ रूपा से हो गई। रूपा न केवल अपराधी था बल्कि नशे का आदी भी था। रूपा को उसके परिवार ने अस्वीकार कर दिया था। अप्रैल 2022 में दोनों ने हरजीत उर्फ पेंटा की हत्या कर दी। पेंटे ने ही जेल में जूते से माणु की पिटाई की थी। यह बदले की पहली किस्त थी।

हत्या के बाद माणु और रूपा एक सफेद कोरोला कार से भाग गए। भगवानपुरिया के एक अन्य दोस्त और साथी सरज मिंटू ने वह कार उपलब्ध कराई थी। कुछ हफ्ते बाद मिंटू ने अपने एक साथी मनप्रीत भाऊ के माध्यम से माणु और रूपा को एक और कोरोला उपलब्ध करवा दी। मूसेवाला हत्याकांड में देहरादून से गिरफ्तार होने वाला पहला आरोपी मिंटू ही था।

हट्टे-कट्टे माणु को 29 मई की उस मनहूस शाम को मूसेवाला पर अपनी एके-47 असॉल्ट राइफल से गोली चलाने में कोई परेशानी नहीं हुई। वह कोरोला से बाहर कूदा और किसी जुनूनी इंसान की तरह उसने गोलियां चलाना शुरू कर दिया। बाद में जब पुलिस ने उसका पोस्टर जारी किया गया तो वह आतंक का चेहरा बन चुका था। एक साधारण परिवार का लाडला कर्तव्य परायण बेटा कहीं खो चुका था। उसकी पलकें हेरोइन की खुराक से हमेशा के लिए भारी हो गईं थीं।

## प्रियव्रत फौजी

जून 2015 की एक गर्म दोपहर में हरियाणा के सोनीपत का गढ़ी सिसाना गांव ढोल की थाप से जीवंत हो उठा था। जवान और बूढ़े गांव के केंद्र की ओर चल पड़े जहां प्रियव्रत नाम के एक लड़के का अभिनंदन किया जा रहा था। कुश्ती गांव का पसंदीदा खेल था। सम्मान हासिल करने

के लिए आदमी को अपनी अलग पहचान बनानी पड़ती है। अभिनंदन समारोह का आयोजन भारतीय ब्वायज स्पोर्ट्स कंपनी ने किया था।

26 वर्षीय खिलाड़ी एक चैंपियन था और उसने गांव को गौरवान्वित किया था। प्रियव्रत अतिरिक्त सम्मान लेकर गांव लौटा था। एक सैनिक के रूप में भर्ती होने के बाद पुणे में आयोजित सेना की अंतर-रेजिमेंट प्रतियोगिताओं में स्वर्ण पदक जीतने के पुरस्कार के रूप में उसे सूबेदार के रूप में पदोन्नत किया गया था। उसे एक महीने की छुट्टी और फौजी उपनाम मिला था। सब कुछ ठीक-ठाक चल रहा था।

लेकिन एक महीने के अंदर ही प्रियव्रत गांव के लिए खलनायक बन गया। पुराने जमीन विवाद को लेकर उसका अपने रिश्तेदारों से विवाद हो गया। इस झगड़े में चोट लगने से रूखी नाम के एक व्यक्ति की मौत हो गई। फौजी पर अन्य लोगों के साथ हत्या का मामला दर्ज कर लिया गया। रिंग में इतने सारे पहलवानों को हराने वाला पहलवान खुद से हार गया। उसकी इज्जत उसकी उंगलियों से फिसल चुकी थी। फौजी को गिरफ्तार कर लिया गया और सोनीपत जेल में डाल दिया गया। जहां उसकी मुलाकात अनुभवी अपराधियों से हुई और वह उनसे जुड़ गया। जमानत पर बाहर आकर वह दूर के गैंगस्टर रिश्तेदार रामकरण का सहयोगी बन गया और दोनों मिलकर अपराध करने लगे। इस बीच 2020 में फौजी कुछ दिनों के लिए घर लौटा तो उसके चाचा ने उसे खूब पीटा और बुरी संगत छोड़ने के लिए कहा। परंतु ऐसा करने की बजाय फौजी बुरी संगत में और ज्यादा धंसता चला गया और फिर कभी अपने गांव नहीं लौटा।

उसका आपराधिक रिकॉर्ड बढ़ता गया। पुलिस डोजियर के अनुसार प्रियव्रत ने 18 मार्च 2021 को हरियाणा के गैंगस्टर अजय बरोना के पिता की हत्या कर दी। उसके बाद वह भूमिगत हो गया और मूसेवाला हत्याकांड में सामने आने तक छिपा रहा।

फौजी मूसेवाला को मारने वालों का प्रमुख था। इनमें अकेला वही कनाडा स्थित गोल्डी बराड़ के साथ इंटरनेट फोन पर संपर्क में था।

दोनों फोन पर बात करते और साजो-सामान और हथियारों का इंतजाम करने की बातचीत करते थे।

फौजी का काम करने का तरीका लॉरेंस और गोल्डी से अलग था। उसकी योजना थी कि शूटर पुलिस वर्दी पहनकर मूसेवाला तक पहुंचे और उसे गोली मार दे। हो सके तो मूसेवाला के घर में घुसकर भी। फौजी ने ग्रेनेड के इस्तेमाल का भी सुझाव दिया था। उसने मूसेवाला को मारने के अपने मिशन पर एक महिला को कांस्टेबल के रूप में तैयार करने की योजना तक बना ली थी।

हालांकि लॉरेंस बिश्नोई और गोल्डी बराड़ उसकी प्लानिंग से सहमत नहीं थे। पुलिस के भेष में हत्या करने के फौजी के विचार में शायद उन्हें कोई वीरता या गैंगस्टर का रुतबा नहीं दिख रहा था। छवि उतनी ही महत्वपूर्ण थी जितना वास्तविक अपराध। यह सब उस डर के बारे में था जो काम को अंजाम देने के बाद हमलावरों के नामों से पैदा होने वाला था।

फौजी की जीवनशैली दूसरों से अलग थी। उसकी चार गर्लफ्रेंड थीं। इनमें से वह एक को ऑपरेशन के लिए अपने साथ ले जाना चाहता था। मगर उसे क्या पता था कि उसकी गर्लफ्रेंड ही उसे बर्बाद करने वाली साबित होने वाली थी।

**रूपा**

पंजाब ओपिओइड डिपेंडेंस सर्वे पीओडीएस 2015 के अनुसार पंजाब में लगभग 8.6 लाख लोग ड्रग्स का इस्तेमाल कर रहे थे। इनमें से कई किशोर भी थे।[1]

तरनतारन जिले के जौड़ा गांव का जगरूप सिंह इनमें एक था। किसान का छोटा बेटा केवल दो एकड़ जमीन के मालिक रूपा पर भारतीय सेना में तैनात उसके बड़े भाई और परिवार का प्रभाव रहा। रूपा ने स्कूल के दिनों में ही नशीली दवाओं का सेवन शुरू कर दिया था और फिर नशीले पदार्थों की दलदल में डूबता चला गया। दोनों भाइयों के बीच मतभेद को लेकर दोस्तों और साथी ग्रामीणों के तंज ने

उसे खुद में और अधिक सिमटने पर मजबूर कर दिया। उसके परिवार के लिए अभिशप्त होने के ताने उसे आत्मविनाश की राह पर ले गए। ड्रग खरीदने के लिए अपने घर से पैसे आभूषण और यहां तक कि बर्तन चुराने से लेकर रूपा एक ड्रग तस्कर बन गया।

सीधा सा हिसाब-किताब था। रूपा दवाओं का 10 प्रतिशत हिस्सा अपने पास रखता था और बाकी नशे के आदी लोगों को ऊंचे दाम पर बेचता था। वह यहीं नहीं रुका और अपराध की दुनिया में अपनी स्थिति मजबूत करने के लिए हर मौके का फायदा उठाने लगा। वह एक कुख्यात स्नैचर, ड्रग तस्कर और एक शार्प शूटर बन गया।

नशीली दवाओं और कट्टर अपराधियों के साथ उसका जीवन विनाश की ओर बढ़ रहा था। लेकिन उसकी कहानी पंजाब में कई नशीली दवाओं के आदी लोगों के समान ही थी। बहादुरों और योद्धाओं की भूमि से लेकर नशीली दवाओं के खतरे की भूमि तक के सफर को पंजाब ने देखा है। इसे भोगा है। पंजाब में युवा जिंदगियां नशीली दवाओं की चपेट में आ गई हैं। जिससे वे अपराध का जीवन जी रहे हैं और वक्त से पहले अपना जीवन गंवा रहे हैं।

पिछले दशक में पंजाब की 29 बड़ी और छोटी जेलों में 50 प्रतिशत से अधिक कैदी या तो नशीली दवाओं के आदी हैं या तस्कर या फिर तस्करों के साथी रहे हैं।[2] नारकोटिक ड्रग्स एंड साइकोट्रोपिक सब्सटेंस एनडीपीएस एक्ट 1985 और 2016 से 2019 के आंकड़ों के मुताबिक पंजाब ऐसे मामलों में पंजाब देश में टॉप पर है।

रूपा की मां पलविंदर बताती है, 'वह तो हमारे लिए उसी दिन मर गया था, जब वो नशे का आदी हो गया था, उसने घर का सामान बेचा। दूसरों से लूटपाट की। क्या इसमें हमारी कोई गलती थी, नहीं... रूपा और उसके जैसे नौजवानों के दुखद अंत के लिए सरकार पूरी तरह से जिम्मेदार है।'

## अंकित सेरसा

सिद्धू मूसेवाला की हत्या के बाद वायरल हुई तस्वीरों में अंकित सेरसा के चेहरे को देखें तो उससे डर या नफरत के बजाय दया उपजती है। एक ताजा चेहरे वाला लड़का जिसके चेहरे पर दाढ़ी का नामोनिशान तक नहीं है। सेरसा अपनी उम्र के उन्नीस साल से भी कम उम्र का दिखता है। उसकी आंखें किशोरों की तरह जीवन और यौवन से ओतप्रोत शरारतों से चमकती हैं।

लेकिन जब आप उसके चेहरे से परे देखेंगे, तो आपका दिल ठिठक जाएगा। मूसेवाला की हत्या के बाद वह फर्श पर बैठा हुआ दिखाई दे रहा है। वह अपने दोनों हाथों में नौ एमएम की पिस्तौल लहराता है।

पिस्तौलें केवल तस्वीर के लिए सहारा नहीं थीं। अंकित के पास एक दुर्लभ प्रतिभा थी, वह दोनों हाथों से गोलियां चला सकता था। पंजाब और दिल्ली पुलिस में उसका रिकॉर्ड एक ही तरह का है। यह वही था जो दोनों हाथों में पिस्तौल लेकर मूसेवाला पर गोली चलाते हुए कार से बाहर निकला था।[3]

सेरसा इतना छोटा था कि अभी उसने किशोरावस्था की दहलीज ही पार की थी। आखिर वह गोलीबारी तक कैसे पहुंचा यह अपने आप में एक बड़ा सवाल है। यह शायद उस जीवन के प्रति उसकी रुचि के कारण था, जो उसकी पहुंच से बाहर था। पुलिस रिकॉर्ड के अनुसार अंकित सेरसा की एक कमजोरी थी दौलत और शोहरत। उसमें ऊंची उड़ान वाली जीवन शैली की गहरी भूख थी। उसका आदर्श था लॉरेंस बिश्नोई।

चार बहनों समेत छह भाई-बहनों में सबसे छोटा अंकित अपने परिवार का लाड़ला था। सेरसा गांव में उसके निम्न-मध्यमवर्गीय माता-पिता ने उसकी यथा संभव मांगों को पूरा करने की कोशिश की। अपने परिवार का भरपूर लाड़-प्यार, उसकी हर इच्छा और मांग पूरी होने के कारण अंकित को इस बात की आदत नहीं थी कि कोई उसके व्यवहार की जांच करे। वह कई बार फेल हुआ और फिर 10वीं कक्षा में उसने

स्कूल छोड़ दिया। तब भी उसके माता-पिता और उसके भाई-बहनों ने उसे नहीं डांटा। यहां तक कि जब उसने किसी रिश्तेदार के घर से मोबाइल फोन चुराया, तब भी इसे मामूली बात समझकर नजरअंदाज कर दिया गया। जब उन्हें अनुशासित करना चाहिए था तब किसी ने उसे नहीं डांटा।

इसी बीच भारत में कोरोना आ गया और पूरे देश में लॉकडाउन लग गया। ऐसे में सेरसा के माता-पिता की नौकरी चली गई। जिस फैक्टरी में वे काम करते थे उसमें कई कर्मचारियों की छंटनी हो गई। बताया जाता है तब अंकित ने नौकरी ढूंढ़ने की कोशिश की थी, लेकिन उसे कहीं काम नहीं मिला। उसने आवारा और छोटे अपराधियों के साथ अधिक समय बिताना शुरू कर दिया। इसी दौरान उसने लॉरेंस बिश्नोई के बारे में सुना। लॉरेंस के बारे में उसके दोस्तों में आदर से बात की जाती थी। सेरसा इन बातों को बहुत ध्यान से सुनता था। मन ही मन उसने लॉरेंस के साथ काम करने का फैसला कर लिया। वह लॉरेंस जैसा बनना चाहता था। उसके युवा और प्रभावशाली दिमाग को लॉरेंस और उसकी बदनामी बहुत ग्लैमरस लगती थी। वह भी सोशल मीडिया पर बड़ी संख्या में फॉलोअर्स चाहता था। वह लॉरेंस की तरह लोगों के दिल दिमाग में खौफ पैदा करना चाहता था। वह चाहता था कि लोग उसके बारे में वैसे ही बात करें जैसे वे लॉरेंस के बारे में करते हैं।

पुलिस फाइलों के मुताबिक इस किशोर शूटर ने मूसेवाला पर दोनों हाथों से गोलियां बरसाईं। उसकी विनाशकारी महत्वाकांक्षा पूरी हो गई थी।

## दीपक मुंडी और कशिश

'मूसेवाला को सिर्फ मैं ही मारूंगा...उसको और कोई नहीं मारेगा' दीपक मुंडी ने गरजते हुए कहा। सभी शूटर उस दिन रामदित्ते वाला गांव में अपने एक ठिकाने पर जमा हुए थे। हत्या से पांच दिन पहले मूसा गांव से लगभग साढ़े पांच किलोमीटर दूर उत्तर पूर्व में।

मूसेवाला पर गोली चलाने वाला आखरी शूटर मुंडी ही था। मगर उसने पहली गोली नहीं चलाई। वह सबसे चालाक भी था। हत्या के 105 दिन बाद उसे पकड़ लिया गया। यह एक तरह का रिकॉर्ड था।[4] तब तक वह अकेला ही था। फौजी और कशिश के गुजरात के कच्छ से पकड़े जाने से एक दिन पहले वह उनसे अलग हो गया था।

एक दिन पहले ही अंकित सेरसा और उसके साथी सचिन भिवानी को नई दिल्ली में अंतरराज्यीय बस टर्मिनल के पास पकड़ा गया तो मुंडी भी उनसे अलग हो गया था।

फौजी की नियमित चेतावनी के बावजूद शायद ही कभी मुंडी ने सार्वजनिक रूप से अपना चेहरा ढंका था। फौजी ने पुलिस को बताया वह उन सभी को छोड़कर अपने रास्ते चला गया था।

यह भी कहा जाता है कि मुंडी दूसरे शूटरों रूपा और माणु कूस्सा के कोरोला मॉड्यूल के संपर्क में था। पंजाब पुलिस ने 20 जुलाई को तरनतारन के भकना गांव में रूपा और कूस्सा को मुठभेड़ में मार गिराया था। यह गांव पाकिस्तान अंतरराष्ट्रीय सीमा से ज्यादा दूर नहीं है। पुलिस ने शूटरों के दो समूहों को कोड नाम दिए थे, जो दो अलग-अलग वाहनों में आए थे। बोलेरो मॉड्यूल में चार शूटर थे फौजी, अंकित, दीपक मुंडी और कशिश। जबकि दूसरे मॉड्यूल में दो शूटर थे रूपा और माणु कूस्सा।

मुंडी को पकड़ने के लिए पंजाब और दिल्ली पुलिस की टीमों को एक साथ काम करना पड़ा। यह एक और दुर्लभ घटना थी। ग्रुप में उसका सबसे करीबी दोस्त कशिश था। करीब चौबीस साल का कशिश हरियाणा के झज्जर के बेरी कस्बे का रहने वाला था। एक गरीब परिवार से होने के कारण वह 10वीं कक्षा के बाद अपनी पढ़ाई जारी नहीं रख सका। इसके बाद उसने गाड़ी चलाना सीखा।

2021 में बेरी में एक झगड़े में शामिल होने से पहले उसने टैक्सी और ट्रक भी चलाया था। कशिश को जेल भेज दिया गया। जहां वह विभिन्न गैंगस्टरों के संपर्क में आ गया। उसने गोल्डी बराड़ के लोगों का ध्यान अपने ड्राइविंग कौशल से खींचा।

मूसेवाला के मर्डर की जांच के दौरान पुलिस को शूटर्ज की बोलेरो कार में पेट्रोल भरवाने की रसीद मिली। ये मर्डर से चार दिन पहले 25 मई की थी। बाद में पुलिस ने उस पेट्रोल पंप के सीसीटीवी फुटेज में बोलेरो में सवार की फोटो ले ली। ऐसे ही शूटर्ज की पहचान हुई। उस सीसीटीवी फुटेज में कशिश ड्राइविंग सीट पर था।

10 सितंबर को दीपक मुंडी को पश्चिम बंगाल के सिलीगुड़ी में भारत-नेपाल सीमा से बहुत दूर पानी टंकी के पास से गिरफ्तार किया गया था। पुलिस के मुताबिक यह जगह नेपाल जाने का आसान रास्ता है। भारत और चीन के बीच विशाल हिमालय के लगभग मध्य में स्थित भूमि से घिरा नेपाल भारत से भागने वाले अपराधियों के लिए स्वर्ग माना जाता है। नेपाल में प्रवेश करते ही वे भारतीय पुलिस की पहुंच से बाहर हो जाते हैं। वे दूसरे देशों में उड़ान भरने के लिए फर्जी दस्तावेजों का इस्तेमाल करते हैं। मुंडी को नेपाल में घुसने से पहले ही पकड़ लिया गया। उसका नक्सलियों से कोई संबंध था या नहीं इसका कोई पता नहीं चल सका। पता चला कि छह शूटरों को हत्या के लिए कुल मिलाकर केवल साढ़े चार लाख रुपये मिले थे। ढाई लाख एडवांस और दो लाख शूटिंग के बाद। ऐसा लगता है जैसे हरेक शूटर को मूसेवाला को मारने के लिए महज पचहत्तर हजार रुपये दिए गए थे। जिन अन्य लोगों ने रसद जुटाई या रेकी की उन्हें अधिकतम दस हजार रुपये दिए गए। एक पुलिस अधिकारी ने खुलासा किया इनमें से कुछ को गाड़ी, घर या उनकी बहनों की शादी के लिए पैसे देने का वादा किया गया था।

सबसे कम उम्र के निशानेबाज अंकित सेरसा ने दावा किया कि लॉरेंस और गोल्डी बराड़ ने उसे नौकरी के लिए एक करोड़ रुपये देने का वादा किया था। लेकिन उसे वह पैसा कभी नहीं मिला। उसे बताया गया था कि इस कांड के बाद उसका नाम इतना बड़ा हो जाने वाला था कि वह अपने नाम के खौफ के बूते करोड़ों कमा सकता था। यह नहीं होना चाहिए था।

## 7

# चौहान

मानसा के वरिष्ठ पुलिस अधीक्षक एसएसपी गौरव तूरा ने सिद्धू मूसेवाला पर हमले के सूचना मिलते ही अपने वरिष्ठ अधिकारियों यहां तक कि तत्कालीन पुलिस महानिदेशक वीके भावरा को सूचित कर दिया। फिर उन्होंने सहायक पुलिस महानिरीक्षक एआईजी जीएस चौहान से बात की। चौहान पंजाब पुलिस के एंटी गैंगस्टर टास्क फोर्स एजीटीएफ के संपर्क अधिकारी थे। पुलिस फोर्स में उन्हें पंजाब के गैंगस्टरों के एक विश्वकोष के रूप में जाना जाता है। किसने किसको मारा? कौन किस गैंग का था? उन्होंने क्या सौदा किया? एक खास गैंगस्टर की वफादारी किसके साथ थी? चौहान के पास सारी जानकारी थी। साथ ही उनकी तत्परता और अनुभव भी उनके पास था। वह ऐसी धुरी थे जिसके चारों ओर गैंगस्टरों के खिलाफ पंजाब पुलिस का पहिया घूमता रहता था।

जब कॉल आया तो चौहान अपनी स्टडी में थे।

'लानत है!' उनकी पहली प्रतिक्रिया थी, 'वो ठीक तो है?' कान को फोन लगाए उन्होंने एसएसपी तूरा से पूछा। इसके साथ ही उनके हाथ टेलीविजन के रिमोट को तलाश करने लगे।

जवाहर के गांव के क्राइम सीन के साथ टीवी जीवंत हो गया। सबसे पहली खबर ही वही थी। *मूसेवाला को अस्पताल ले जाया गया।*

*वह मारा गया है... कई गोलियां चलीं। बहुत सारे...।* तूरा ने जवाब दिया। उनकी आवाज गंभीर थी।

कॉल काटते ही चौहान का दिमाग बुरी तरह चकरा गया था। वह ऐसे शांत होने वाला नहीं था। उन्होंने इन्वेस्टिगेशन के बारे में सोचना शुरू कर दिया। यह कत्ल एक विस्फोट था और पुलिस को तैयार रहना चाहिए था। वह अपने वरिष्ठ अधिकारियों से बातचीत और अपनी टीम के अलावा फील्ड यूनिट्स को बुलाने में व्यस्त हो गए।

अतिरिक्त पुलिस महानिदेशक एडीजीपी और एजीटीएफ के प्रमुख प्रमोद बान ने आदेश दिया, 'तुरंत कार्रवाई करें।' एथलेटिक फिजीक और अच्छे कद के तेजतर्रार बान ने बामुश्किल एक महीना पहले ही नवगठित एजीटीएफ की कमान संभाली थी। इस वरिष्ठतम आईपीएस अधिकारी की चमकती आंखें उनकी बुद्धिमत्ता का बखान करती हैं। बान अपने कमरे में बैठकर सिद्धांत बुनने और आदेश देने वालों में से नहीं हैं। वह एक्शन लेने में यकीन रखते हैं। फिर वह चाहे गैंगस्टरों को पकड़ना हो या तस्करों या फिर अपहरणकर्ताओं को मार गिराना हो, हत्यारों की धरपकड़ हो या आतंकवादियों से मुकाबला बान का अपना अलग ही अंदाज है।

उसी साल अप्रैल में एजीटीएफ के गठन से पहले ओसीसीयू ही गैंगस्टरों की जांच करता था और उन पर नियंत्रण रखता था।[1] यह ओसीसीयू ही था जिसने मूसेवाला के लिए सुरक्षा कवर की सिफारिश की थी। बाद में इसको बदल कर एजीटीएफ बना दिया गया।

16 मार्च 2022 को आम आदमी पार्टी के भगवंत मान पंजाब के मुख्यमंत्री बन गए। सत्ता में आने के तुरंत बाद उन्होंने पुलिस प्रमुख वीके भावरा को विशेष टास्क फोर्स का गठन करने के निर्देश दिए। मान का इरादा साफ था। वह एक कड़ा संदेश देना चाहते थे कि उनकी सरकार पंजाब में बेलगाम गैंगस्टरों पर नकेल कसेगी। जिनमें से कईयों को खुले तौर पर कांग्रेस और अकालियों का संरक्षण प्राप्त था।

वास्तव में नए नामकरण के अलावा एजीटीएफ केवल ओसीसीयू ही था। ओसीसीयू में फील्ड और ख़ुफिया टीमों की एक इंटीग्रेटिड यानि एकीकृत यूनिट थी जो एक साथ काम करती थीं। यह निर्णय लिया गया कि एजीटीएफ पूरी तरह से ऑपरेशन पर काम करेगा। जबकि फ़ील्ड टीम एजीटीएफ के अधीन रहेगी। खुफिया इकाई को पंजाब पुलिस की काउंटर इंटेलिजेंस और आंतरिक सुरक्षा इकाइयों में स्थानांतरित कर दिया गया।

लेकिन अब टीमें अलग हो गईं और अलग-अलग प्रमुखों के तहत काम करने लगीं। योजना सांझा करने, चर्चा करने और आगे की कार्रवाई की योजना बनाने के लिए महीने में एक या दो बार बैठकें होती थी। मूसेवाला को मार गिराए जाने के बाद मामले से जुड़े कई अधिकारियों ने निजी तौर पर क़बूल किया कि उन्होंने मूसेवाला की सुरक्षा मजबूत करने के लिए अपने वरिष्ठ अधिकारियों को कई अलर्ट भेजे थे। इसके बावजूद उसकी सुरक्षा में कटौती कर दी गई। यदि टीमों या आदेश की एक श्रृंखला में एकजुटता होती, तो इस हत्या को रोका जा सकता था। यह वाकई अफसोस की बात है। हत्या के दिन से ही यह सवाल पंजाब पुलिस को परेशान कर रहा है। दुर्भाग्य से इसका कोई स्पष्ट उत्तर नहीं हैं।

आखिरकार गोलीबारी के 35 दिन बाद भावरा को उनके पद से हटा दिया गया। उनके स्थान पर गौरव यादव को पंजाब पुलिस का नया डीजीपी नियुक्त कर दिया गया।

एडीजीपी बान से बात करने के बाद चौहान ने अपने सबसे भरोसेमंद और सक्षम सहयोगी डीएसपी बिक्रमजीत बराड़ को बुलाया। सम्मानित अधिकारी बराड़ गैंगस्टरों और आतंकवादियों के खिलाफ अपने काम के लिए जाने जाते हैं। वह डबल बार के साथ वीरता के लिए राष्ट्रपति पुलिस पदक प्राप्त करने वाले अधिकारी हैं। वह उन चंद अधिकारियों में से हैं जिन्हें गैंगस्टरों के खिलाफ विभिन्न अभियानों के लिए लगातार तीन बार पुरस्कार मिल चुका है।

बराड़ के साथ एक बातचीत के बाद चौहान ने जल्दी से अपनी पिस्तौल और डायरियां उठाईं और बाहर निकल गए। उन्होंने बराड़ को गोलीबारी की जानकारी दी और अपने सूत्रों को सक्रिय करने के लिए कहा। चौहान ने अपराध स्थल के पास एक्टिव मोबाइल फोन की जांच करने के लिए पंजाब पुलिस की साइबर शाखा तकनीकी टीम को भी एक्टिव कर दिया।

मूसेवाला की हत्या एक सनसनीखेज घटना थी। नवगठित आप सरकार को जल्द नतीजों की उम्मीद होनी ही थी। चौहान को इस चुनौती का अहसास था। एजीटीएफ और पहले ओसीसीयू जिन गैंगवारों को रोकने की कोशिश कर रहे थे वे अब नियंत्रण से बाहर होते जा रहे थे। गिरोह बड़े और अधिक दुस्साहसी होते जा रहे थे और प्रत्येक हत्या एक से अधिक खूनी होती जा रही थी

चौहान जानते थे कि मूसेवाला की हत्या से पूरे देश का ध्यान पंजाब की ओर आकर्षित होगा। लेकिन यह कोई अकेला मामला नहीं था। यह क्रूर हत्याओं की कड़ी में नई घटना थी। चौहान इस पर काफी समय से नजर रख रहे थे। सारी हत्याएं उनके जेहन में ताजा थीं। फरवरी में पंजाब विधानसभा चुनाव के दौरान गैंगस्टरों का आतंक मुख्य मुद्दों में से एक था।

एजीटीएफ का मुख्यालय मोहाली में है। जहां यह पंजाब पुलिस खुफिया मुख्यालय से ही संचालित होता है। जबकि अन्य ईकाइयां विभिन्न ठिकानों से संचालित होती हैं। चौहान और बराड़ जैसे यूनिट के शीर्ष पुलिसकर्मी मोहाली कार्यालय में ही काम करते थे। मोहाली पंजाब के पूर्वी छोर पर चंडीगढ़ के करीब स्थित है। फौरन कार्रवाई के लिए सरकार ने विभिन्न जिलों में फील्ड ऑपरेटिव की छोटी ईकाइयां स्थापित करने की योजना बनाई। लेकिन एजीटीएफ के पास अब तक पंजाब में केवल एक ही फील्ड यूनिट था। सौभाग्य से यह मूसेवाला के मर्डर स्पॉट से करीब 62 किमी दूर ही तैनात था। करीब तीन घंटे में जब चौहान और बराड़ मोहाली से घटनास्थल पर पहुंचे, तब तक

फील्ड यूनिट ने उनके निर्देश पर काम करते हुए घटनास्थल को सुरक्षित कर लिया था।

**पंजाब के गैंग और गैंगवार**

2018 के पंजाब पुलिस रिकॉर्ड के अनुसार पंजाब में करीब साढ़े पांच सौ गैंगस्टर 57 गिरोहों से थे। वर्ष 2022 में यह संख्या बढ़कर 70 तक पहुंच गई थी। इन गिरोहों के लगभग 12 सौ सदस्य थे। राज्य गिरोहों के आतंक का शिकार हो गया था। प्रत्येक गिरोह राज्य के एक विशिष्ट क्षेत्र पर प्रभाव डाल रहा था। पंजाब सांस्कृतिक और भौगोलिक रूप से तीन क्षेत्रों में विभाजित है। इनकी सीमाएं नदियां बनाती हैं। माझा क्षेत्र में रावी और ब्यास नदियों के बीच का क्षेत्र शामिल है। दोआबा क्षेत्र ब्यास और सतलुज नदियों के बीच है और मालवा क्षेत्र सतलुज के नीचे मोटे तौर पर सतलुज और घग्गर के बीच स्थित है। यह हरियाणा, राजस्थान और हिमाचल प्रदेश के साथ साझा सीमाओं तक फैला हुआ है।

31 अक्टूबर 2022 को अपडेट किए गए डोजियर में एजीटीएफ ने राज्य में सक्रिय दस ग्रुपों को मेन गैंग या गैंगस्टर ग्रुप का नाम दिया। इन गैंगस्टर ग्रुपों के 293 पक्के सदस्य थे। उनमें से 160 सलाखों के पीछे थे या पुलिस मुठभेड़ों या गिरोह लड़ाइयों में खत्म हो गए थे या फिर जेलों में भेज दिए गए थे।

लगभग साठ अन्य गिरोह एक या अधिक मूल गिरोह से जुड़े थे। वहां भी बिखरे हुए ग्रुप थे। गिरोह के सदस्यों की संख्या बारह सौ से दो हजार के बीच थी। इनमें महिलाएं भी शामिल थीं। जिन्होंने ठिकानों की व्यवस्था की और सप्लाई कड़ियों को जीवित रखा था।

डोजियर में गिरोह की गतिविधियों, सदस्यों, एक दूसरे के साथ संबंधों और प्रतिद्वंद्विता का विस्तृत नक्शा तैयार किया गया। इनकी सीधे तौर पर पहचान करने के लिए इन्हें सुपारी लेकर हत्या करने वाले, हत्या का प्रयास करने वाले, गोलीबारी करने वाले, गैंगवार, पुलिस हिरासत या जेल हिरासत में हत्या करने वाले, पुलिस कर्मियों पर हमला और अपहरण जैसे संगठित अपराध करने वालों के नाम शामिल किए गए थे।

फिरौती, जबरन वसूली, काला धन रैकेट चलाना, अवैध गतिविधियों को सशस्त्र सिक्योरिटी, बंदूक चलाना, राजमार्ग डकैती, बैंक डकैती, कैश वैन लूटना, वाहनों और पैसों को छीनना वगैरह-वगैरह। पंजाब में सक्रिय आपराधिक गिरोहों की समीक्षा की गई।

विभिन्न अपराधियों से पूछताछ और विभिन्न स्रोतों से प्राप्त जानकारी के आधार पर गैंगस्टर ग्रुपों के प्रोफाइल को नए सिरे से तैयार किया गया।

## दस्तावेज़ों के अनुसार

**1. जयपाल ग्रुप**—एक पुलिसकर्मी का बेटा। फिरोजपुर का जयपाल भुल्लर राष्ट्रीय स्तर का हैमर थ्रो एथलीट था। एक टीम में चयन को लेकर हुआ उसका विवाद झगड़े में बदल गया और 2003 में लुधियाना में उसके खिलाफ पुलिस मामला दर्ज किया गया। वर्ष 2004 में भुल्लर जेल पहुंच गया जहां वह खूंखार अपराधियों के साथ था। ये लोग उसके निडर स्वभाव और मजबूत शरीर के कारण उसे हीरो की तरह मानते थे। जेल में असामाजिक तत्वों के संपर्क में आने के बाद भुल्लर ने 2004 में लुधियाना में एक सिनेमा हॉल मालिक के बेटे का अपहरण करने के लिए उनकी मदद ली। इस मामले से उसे काफी बदनामी मिली और उसके खेल करियर का निश्चित अंत हो गया। बाद में वह एक अन्य गैंगस्टर के संपर्क में आ गया। फिर उसकी मुलाकात जसविंदर सिंह उर्फ रॉकी से हुई। वर्ष 2010 में रॉकी को पंजाब का सबसे खतरनाक गैंगस्टर माना जाता था। वह एक प्रभावशाली व्यक्ति था। उसने कई गैंगस्टरों को संरक्षण दिया था और पुलिस सूत्रों के मुताबिक उसी ने भुल्लर को तैयार किया था। इससे भुल्लर और अधिक शक्तिशाली बन गया। हालांकि जब रॉकी राजनेता बना और शिअद में शामिल हुआ तो उसने अपनी छवि सुधारने पर काम किया। आरोप है कि पुलिस ने सितंबर 2012 में बठिंडा में भुल्लर के दोस्त शेरा खुब्बां समेत कुछ गैंगस्टरों को मार गिराया। वजह थी रॉकी की उनसे दुश्मनी। इससे क्रोधित होकर भुल्लर ने अपना गिरोह बनाया और बदला लेने की

घोषणा की। अप्रैल 2016 में बदला लेने का उसका वादा तब पूरा हुआ जब उसने हिमाचल प्रदेश के परवाणू में रॉकी की हत्या कर दी। भुल्लर के अलावा कई गिरोहों ने रॉकी की हत्या का जश्न फेसबुक पर पोस्ट डालकर मनाया। रॉकी को मूर्ख बताया गया।

जून 2021 में पंजाब पुलिस की लाइव सूचना पर पश्चिम बंगाल पुलिस ने भुल्लर और दो अन्य को कोलकाता में एक मुठभेड़ में मार गिराया। भुल्लर भले ही मर गया लेकिन उसका गिरोह आज भी जीवित है। कथित तौर पर उसका भाई अमृतपाल भुल्लर और करीबी सहयोगी गगन जज आज भी जेल से उसका गिरोह चला रहे हैं। कनाडा का अर्श डल्ला और ऑस्ट्रेलिया का गुरजंट उर्फ जंटा इस गिरोह के एक्टिव मैंबर हैं। यह गिरोह मालवा, हरियाणा और चंडीगढ़ के कुछ हिस्सों में एक्टिव है और हत्या, जबरन वसूली और आतंकवादी गतिविधियों में शामिल होने के लिए जाना जाता है।

**2. जग्गू भगवानपुरिया गैंग (पहले सुक्खा काहलवां गैंग)**—बटाला के सूरत मल्ली का बत्तीस वर्षीय जगदीप सिंह उर्फ जग्गू भगवानपुरिया इस गैंग का मुखिया है। वह फिलहाल नई दिल्ली की तिहाड़ जेल में हैं। कथित तौर पर कांग्रेस और अकाली दल दोनों के अलग-अलग समय पर उसके संबंध रहे हैं। वह लॉरेंस बिश्नोई का करीबी है और कहा जाता है कि उसी ने मूसेवाला की हत्या के लिए रूपा और माणु कूस्सा को सुपारी दी थी। वह पंजाब के माझा क्षेत्र विशेषकर अमृतसर, तरनतारन, गुरदासपुर और मालवा के एक जिले फिरोजपुर में अपना प्रभाव रखता है। एक पूर्व कबड्डी खिलाड़ी भगवानपुरिया सुपारी किलिंग और कबड्डी लीग का आयोजन करता रहता है। जिसके कारण इन लीगों में रुचि रखने वाले अन्य गैंगस्टरों के साथ उसका सीधा टकराव होता रहता है।

**3. लॉरेंस बिश्नोई ग्रुप**—तीस वर्षीय लॉरेंस बिश्नोई द्वारा संचालित यह गिरोह पंजाब में सबसे बड़ा और सबसे प्रभावशाली माना जाता है। बिश्नोई पंजाब, हरियाणा, राजस्थान और एनसीआर में सिंडिकेट का प्रमुख भी है। ऐसा कहा जाता है कि वह पूरे पंजाब और

एनसीआर में जबरन वसूली रैकेट को चला रहा है और उसके विदेशों में गैंगस्टरों के साथ भी संबंध हैं। जयपाल ग्रुप, भगवानपुरिया गैंग और लॉरेंस बिश्नोई ग्रुप एक-दूसरे के मित्र हैं।

**4. रिंदा ग्रुप**—हरविंदर सिंह संधू का रिंदा ग्रुप पाकिस्तान से ऑपरेट होता है और खालिस्तान समर्थक है। पैंतीस वर्षीय संधू उर्फ रिंदा नांदेड़ से है। आतंकवादी बनने से पहले वह एक गैंगस्टर था। वह आतंकवादी गतिविधियों में शामिल है और भारत विरोधी और खालिस्तान समर्थक हमलों को अंजाम देने के लिए पंजाब में अन्य गिरोहों के नेटवर्क का इस्तेमाल करता है। पंजाब के लगभग सभी गिरोहों ने कभी न कभी उसके साथ या उसके लिए काम किया है। रिंदा खतरनाक है क्योंकि उसके पास हथियार, ड्रग्स, नकली करंसी और ट्रेंड निशानेबाजों की आपूर्ति करने का बड़ा नेटवर्क है।

**5. नूरपुर बेदी का दिलप्रीत सिंह उर्फ बाबा ग्रुप**—पंजाब और हरियाणा खासकर चंडीगढ़ में सक्रिय इस ग्रुप का मुखिया है। उसका प्रभाव क्षेत्र दोआबा है। इस ग्रुप को पंजाबी गायकों और अभिनेताओं से जबरन वसूली और उनको धमकी देने के लिए जाना जाता है। वर्ष 2018 में इस ग्रुप ने पंजाबी गायक परमीश वर्मा पर हमला किया था। दिलप्रीत सिंह फिलहाल जेल में है लेकिन उसका ग्रुप रिंदा, दविंदर बंबीहा, गुरप्रीत सेखों और सुखप्रीत सिंह उर्फ बुड्ढा के गैंगस्टर ग्रुपों के साथ गठबंधन में है।

**6. बंबीहा ग्रुप**—दुबला-पतला और एथलेटिक दविंदर सिंह सिद्धू उर्फ बंबीहा एक और कबड्डी खिलाड़ी था जो गैंगस्टर बन गया था। मूल रूप से बंबीहा गांव का रहने वाला दविंदर 2010 में अपराध की दुनिया में शामिल हो गया था। मोगा में उसके जीवन के अठारहवें वर्ष में एक कॉलेज विवाद के चलते उसके खिलाफ हत्या का मामला दर्ज किया गया। कुछ ही समय बाद उसने अपना गिरोह बनाया और कबड्डी मैचों को प्रभावित करना शुरू कर दिया। बंबीहा सितंबर 2016 में बठिंडा में एक मुठभेड़ में मारा गया था। उसके बाद हरसिमरन सिंह उर्फ सिम्मा सामने आ गया। वह फरीदकोट गिरोह का मुखिया बन

गया। लक्की पटियाल बंबीहा गिरोह का प्रमुख संचालक है। इन दिनों वह अर्मीनिया की एक जेल में बंद है और वहीं से ऑपरेशन को अंजाम देता है। यह ग्रुप दिलप्रीत बाबा ग्रुप का करीबी है।

**7. हैरी चड्डा ग्रुप**—बटाला का सुप्रीत सिंह उर्फ हैरी चड्ढा इस ग्रुप का मुखिया है। इस गिरोह का संचालन पाकिस्तान की इंटर-सर्विसेज इंटेलिजेंस आईएसआई की मदद से यूरोप में कहीं से चलाया जा रहा है। हैरी चड्डा ग्रुप गुरप्रीत सेखों और दविंदर बंबीहा के नेतृत्व वाले गैंगस्टर ग्रुपों के साथ है और वह जयपाल और जग्गू भगवानपुरिया के नेतृत्व वाले गैंगस्टर ग्रुपों के खिलाफ मौजूद ग्रुपों के साथ है। इस ग्रुप की जड़ें माझा क्षेत्र में हैं। लेकिन यह ट्राई-सिटी चंडीगढ़, मोहाली और पंचकुला में भी एक्टिव है।

**8. सेखों ग्रुप**—गुरप्रीत सिंह सेखों के नेतृत्व में यह ग्रुप हैरी चड्डा और दविंदर बंबीहा गिरोह के साथ गठबंधन में है और इस तरह लॉरेंस बिश्नोई, जयपाल और जग्गू भगवानपुरिया गिरोह के विरोध में है। रमनजीत सिंह उर्फ रोमी जो इस समय हांगकांग की जेल में है इस ग्रुप का प्रबंधक है। सेखों ग्रुप रमनजीत सिंह और अमन पन्नू (हांगकांग जेल में) के माध्यम से सिख कट्टरपंथियों और पाकिस्तान की आईएसआई के संपर्क में है। इस ग्रुप की जड़ें मालवा क्षेत्र में हैं।

**9. सुखप्रीत बुड्ढा ग्रुप**—हालांकि बुड्ढा बंबीहा ग्रुप के मामलों को लक्की पटियाल के मुताबिक ही चला रहा है लेकिन उसका अपना गिरोह भी है जो बंबीहा और उसके सहयोगियों के साथ मिलकर काम करता है।

**10. अमन जैतों ग्रुप**—दसवां ग्रुप अमन जैतों का है जो अपने गैंग को मजबूत करते हुए बंबीहा ग्रुप के साथ भी काम करता है। सीधे तौर पर बंबीहा और उसके फ्रेंड्स ग्रुपों के खिलाफ थे।

## गैंगवार

अगर कोई हाई-ऑक्टेन नाइट लाइफ का अनुभव लेना चाहता है तो इसके लिए चंडीगढ़ की सेक्टर 26 सबसे बेहतरीन जगह है। यह ट्राई सिटी क्षेत्र के साथ-साथ हरियाणा और हिमाचल के पड़ोसी क्षेत्रों के युवाओं के बीच खासा लोकप्रिय है। नाइट क्लब और डिस्को में यहां शराब और नशीली दवाएं आम हैं। पुलिस जानती है कि जवानी, खुलेआम मिलने वाली शराब और आसानी से मिलने वाली नशीली दवाओं का मिश्रण विनाश का नुस्खा है, इसलिए पुलिस ऐसे खास क्लबों पर खास नजर रखती है।

व्यवस्था की झलक बनाए रखने के लिए नाइट क्लब मालिकों के पास प्रवर्तकों-बाउंसरों की अपनी टीमें होती हैं। नशीली दवाओं और शराब का सेवन करने वाली भीड़ को नियंत्रित करना आसान नहीं होता। अधिकांश समय बाउंसरों का काम युवा लोगों के आसानी से भड़कने वाले गुस्से को शांत करना होता है, खासकर उन लोगों को जो दूसरों की तुलना में अधिक नशे गें होते हैं। लेकिन कई बार बाउंसरों की झड़प अन्य बाउंसरों या पंजाब के भीतरी इलाकों या हरियाणा की जाट भूमि से आए हट्टे-कट्टे युवाओं से भी हो जाती है। यह झड़पबाजी मामूली सी बात पर तकरार या सामान्य उपेक्षा पर भी हो सकती है। ऐसे में कई बार स्थिति खराब हो जाती है। वर्ष 2016 में सेक्टर 26 में भीड़ प्रबंधन को लेकर ऐसी कई झड़पें देखी गईं।

एक घटना में बाउंसर अमित उर्फ मीत और अखिल एक नाइट क्लब में हरियाणा के लोगों के एक अनियंत्रित ग्रुप को नियंत्रित करने की कोशिश कर रहे थे। मगर बहस बदसूरत हो गई। युवकों का गगन नाम का एक दोस्त था जो एक अन्य क्लब में बाउंसर था। वह पंजाब पुलिस के एक असिस्टेंट सब इंस्पेक्टर का बेटा था। उन्होंने अपने पक्ष को मजबूत करने के लिए उसे वहां बुलाया। लेकिन उस दिन अमित और अखिल की जीत हुई।

अब मीत व्यवसाय में प्रभावशाली था। उसके गैंगस्टर्स और पुलिस के साथ खास अच्छे संबंध थे। यहां तक कि उसने शहर के

बारह क्लबों को बाउंसर भी मुहैया कराए थे। वह जिन बाउंसरों को जानता था उनमें से एक लक्की पटियाल भी था जो दविंदर बंबीहा गिरोह के साथ जुड़ा था। इलाके में यह मशहूर था कि मीत पर हमला करना अच्छा विचार नहीं था। इस घटना के कुछ दिन बाद गगन ने अपने कुछ साथियों के साथ मिलकर जिम में वर्कआउट करते मीत और अखिल पर गोलियां चला दीं। अखिल इस घटना में घायल हो गया। इस घटना में मीत बच गया। गगन और उसके साथियों के खिलाफ हत्या के प्रयास का मामला दर्ज किया गया। लक्की पटियाल और अन्य लोग घटनास्थल पर पहुंचे और उन्होंने समझौता कराने का फैसला किया। शर्त यह थी कि गगन सार्वजनिक रूप से माफी मांगेगा और उसके बाद ही युद्ध विराम होगा। लेकिन मीत केवल माफी से संतुष्ट नहीं था। वह गगन को अपमानित करना चाहता था। उसने जोर देकर कहा कि गगन का एएसआई पिता मीत के सामने झुककर और अपनी पगड़ी उसके पैरों में रखकर माफी मांगे तभी यह समझौता हो सकता था। यह बहुत बड़ी मांग थी।

लेकिन गगन के पिता हर कीमत पर अपने बेटे की रक्षा करना चाहते थे। उन्होंने वैसा ही किया जैसा उनसे कहा गया था। उन्होंने माफी मांग ली। उन्होंने उम्मीद जताई कि अब मामला सुलझ जाएगा और शांति लौट आएगी।

लेकिन मीत ने अपने वचन का सम्मान नहीं किया और गगन को दोषमुक्त करने के लिए पुलिस को ऐसा बयान देने से इंकार कर दिया।

गगन और उसके साथियों के लिए यह गैंगस्टरों के उसूलों की लाइन पार करना था। 9 मई 2017 को गगन ने चार शूटरों के साथ पंचकुला के गांव सकेतड़ी में एक मंदिर के बाहर मीत की हत्या कर दी। मीत का मर्डर उसकी मां के सामने किया गया।

लक्की पटियाल पहले ही अपराध की दुनिया में कदम रख चुका था। मीत की हत्या के बारे में सुनकर वह आगबबूला हो गया। उसे यह भी पता चला कि गगन उसके कट्टर प्रतिद्वंद्वी लॉरेंस बिश्नोई के करीबी

था। वे पहले से ही क्षेत्र से जबरन वसूली के बड़े हिस्से को लेकर आपसी खींचतान में लगे हुए थे।

इस बीच चंडीगढ़ से लगभग ढाई सौ किलोमीटर दूर फरीदकोट शहर में एक और विवाद हुआ। लॉरेंस के खास दोस्त गोल्डी बराड़ के चचेरे भाई गुरलाल बराड़ की हत्या हो गई। इसकी वजह गुरलाल का बंबीहा पटियाल ग्रुप के बेअंत बराड़ के साथ झगड़ा था। गुरलाल ने कथित तौर पर बेअंत के घर में उस पर गोली चला कर उसे घायल कर दिया था। गुरलाल और बेअंत दोनों अपने इलाकों में शराब और जुए के कारोबार में अपना दबदबा कायम करने की होड़ में थे। इससे दोनों गैंग के बीच मामला बिगड़ता चला गया। इसी दौरान बंबीहा ग्रुप के एक अन्य सदस्य लवी देवड़ा की कुछ दिनों बाद लॉरेंस बिश्नोई गिरोह के सदस्यों ने फरीदकोट में एक उत्सव में हत्या कर दी। पुलिस का मानना है कि इन गिरोहों के भीतर कुछ समझदार लोगों ने मध्यस्थ की भूमिका निभाने की कोशिश की। इनमें छात्र नेता से राज नेता बना विक्की मिद्दुखेड़ा भी शामिल था। हस्तक्षेप के कारण फौरी तौर पर हत्याओं का सिलसिला थम गया। ऐसे गिरोह युद्धों के बीच मध्यस्थता करना साधारण बात नहीं होती। लंबे समय तक हिंसा और नरसंहार न केवल शांति को भंग करता है, बल्कि व्यापार के लिए भी बुरा ही होता है।

रक्तपात में थोड़ी शांति आ गई। लेकिन बंबीहा पटियाल ग्रुप का बेअंत बराड़ अपने ऊपर हुई गोलीबारी का बदला गुरलाल से लेना चाहता था।

वह बदला लेने के लिए सही मौके का इंतजार कर रहा था। इस काम के लिए उसकी नकार जैतों फरीदकोट के नीरज उर्फ चस्का और मनदीप मान उर्फ मैंडी पर नजर पड़ी।

ये दोनों स्नैचिंग और डकैतियां करते थे, लेकिन कुछ बड़ा करना चाहते थे। इसलिए बेअंत ने उन्हें गुरलाल बराड़ को मारने का काम सौंपा।[2]

दोनों ने कुछ दिन चंडीगढ़ क्लबों की रेकी में बिताए। वे बाइक पर सवार होकर गुरलाल का पीछा करते रहे और उसकी गतिविधियों

पर नजर रखते रहे। इस दौरान 10 अक्टूबर 2020 को बेअंत बराड़ ने उन्हें एक दिन चुनने, कार चुराने, गुरलाल को मारने और भागने के निर्देश दिए। दोनों एक कार विशेष रूप से टोयोटा फॉरचूनर का पता लगाने की कोशिश कर रहे थे, जिसे वे अपराध में इस्तेमाल करने के लिए चुरा सकते थे। दोनों एक कार चुराने की तैयारी कर ही रहे थे कि उनकी आंखों के ठीक सामने गुरलाल बराड़ अपनी फॉरचूनर कार में बैठ रहा था। बराड़ की कार पार्किंग स्टैंड में थी। यह गुरलाल की सामान्य दिनचर्या से बिल्कुल अलग था।

'अब उसको यहीं मार दो,' बेअंत बराड़ ने कथित तौर पर उन दोनों को फोन पर आदेश दिया। दोनों ने वहीं बराड़ को गोली मार दी और मौके से भाग गए। बाद में पुलिस को उनकी बाइक केवल एक किलोमीटर दूर लावारिस हालत में मिली। पुलिस ने शूटरों की मदद करने के आरोप में स्मैकिया नाम के एक नशेड़ी को गिरफ्तार कर लिया लेकिन नीरज उर्फ चस्का को नहीं पकड़ सके।

आरोप है कि गुरलाल बराड़ की *ठग लाइफ* नाम के म्यूजिक लेबल में हिस्सेदारी थी। वह चाहता था सिद्धू मूसेवाला केवल उनके लेबल के साथ गाने जारी करे। लेकिन गुरलाल की हत्या से गोल्डी बराड़ और लॉरेंस बिश्नोई बुरी तरह नाराज हो गए। मूसेवाला की मौत के बाद एक यूट्यूब इंटरव्यू में गोल्डी बराड़ को पत्रकार रितेश लक्खी से यह कहते हुए सुना जा सकता है, 'गुरलाल की हत्या हमारे परिवार पर हमला था। हत्यारों को इसका भुगतान करना होगा।'[3]

गुरलाल की हत्या का बदला लेने के लिए बिश्नोई के लोगों ने 18 फरवरी 2021 को उसके हमनाम गुरलाल पहलवान की हत्या कर दी।[4] लक्की पटियाल और बंबीहा गिरोह का करीबी राजनेता पहलवान जिला युवा कांग्रेस का अध्यक्ष था। उसे तेरह गोलियां मारी गईं। उसके पेट में पांच और सीने में दो गोलियां लगीं। जब उसका शरीर सड़क पर औंधे मुंह पड़ा था, तो उसके सिर के पिछले हिस्से में गोली मार दी गई।

गोलीबारी लगातार बढ़ रही थी और हत्याएं आम होती जा रही थीं। जुलाई 2021 में गैंगस्टर से सामाजिक कार्यकर्ता बने कुलबीर

नरूआना की उसके पूर्व सहयोगी मनदीप उर्फ मन्ना ने हत्या कर दी। वह अब बंबीहा गिरोह में शामिल हो गया था। कहा जाता है कि नरूआना एक समय में लॉरेंस बिश्नोई का करीबी था। लेकिन बाद में राजनीति में शामिल होने के इरादे से उसने सामाजिक कार्य करना शुरू कर दिया था।

उधर गोल्डी बराड़ अपने चचेरे भाई गुरलाल बराड़ की हत्या का बदला लेने के लिए बंबीहा-पटियाल गिरोह का सफाया करना चाहता था। उसने चार अगस्त 2021 को अमृतसर में केडी अस्पताल के बाहर गैंगस्टर राणा कंदोवालिया की हत्या कर दी।

कंदोवालिया भी जग्गू भगवानपुरिया का दुश्मन था। इसका फायदा बिश्नोई को हुआ। लॉरेंस और भगवानपुरिया के पारस्परिक संबंध थे। उन्होंने स्वतंत्र रूप से काम किया, लेकिन आवश्यकता पड़ने पर एक-दूसरे की मदद भी की।

गैंगवार खतरनाक ढंग से बढ़ चुकी थी। कंदोवालिया की मौत के चार दिन बाद बिश्नोई के बेहद करीबी माने जाने वाले विक्की मिद्दुखेड़ा पर हमला हुआ। मिद्दुखेड़ा के सामने एक आशाजनक राजनीतिक भविष्य था। उसने कथित तौर पर बिश्नोई गिरोह के फाइनेंस को संभाला और विभिन्न आपराधिक ग्रुपों के बीच विवादों में मध्यस्थता भी की थी। जहां तक गैंगस्टरों की बात है उसे बहुत पसंद किया जाता था। उसका सम्मान किया जाता था। 7 अगस्त 2021 को मोहाली में दिनदहाड़े उस पर पंद्रह गोलियां चलाई गईं।[5] लक्की पटियाल गिरोह ने गैंगस्टर कौशल की मदद से इस कार्य को अंजाम देने के लिए हरियाणा के चार लोगों को भेजा। यह हत्या गुरलाल पहलवान और राणा कंदोवालिया हत्याकांड का बदला लेने के लिए की गई।

मिद्दुखेड़ा की मौत के साथ ही मानो युद्ध की घोषणा हो गई। इसके बाद 14 मार्च 2022 को कौशल-डग्गर-बंबीहा गिरोह के चार लोग जालंधर के नकोदर में एक कबड्डी मैच में गए। जहां उन्होंने मुख्य आयोजक और मशहूर कबड्डी खिलाड़ी संदीप नांगल अंबियान को नजदीक से गोली मार दी।

या इसके बाद 14 मार्च 2022 को कौशल-डग्गर-बंबीहा गिरोह के चार लोगों ने नकोदर में एक कबड्डी मैच के दौरान मुख्य आयोजक और मशहूर कबड्डी खिलाड़ी संदीप नांगल अंबियान को बेहद नजदीक से गोली मार दी।

अंबियान को उसके माथे के बीच में गोली मारी गई थी। वह जिस कबड्डी लीग का संचालन कर रहा था वह जग्गू भगवानपुरिया की थी। लॉरेंस और भगवानपुरिया का बड़ा नुकसान हो चुका था। इसलिए उन्होंने सबसे हाई-प्रोफाइल मर्डर करने का प्लान बनाया।

वो मर्डर सिद्धू मूसेवाला का था। लॉरेंस और गोल्डी बराड़ का कहना है कि मूसेवाला का मैनेजर शगनप्रीत और खुद मूसेवाला भी मिद्दुखेड़ा के मर्डर में शामिल था। लेकिन पुलिस की किसी भी जांच में यह बात अब तक नहीं आई कि मूसेवाला किसी भी एंगल से मिद्दुखेड़ा के मर्डर में हिस्सेदार था।

जीएस चौहान ने जवाहर के पहुंच कर अपराध स्थल पर डीएसपी बराड़ के साथ गैंगवार के बारे में अपने नोट्स दर्ज किए। उन्होंने एक और टिप्पणी की, 'पंजाब विश्वविद्यालय चंडीगढ़। लॉरेंस एकमात्र ऐसा व्यक्ति नहीं था जो विश्वविद्यालय की छात्र राजनीति से एक गैंगस्टर के रूप में उभरा था। डेढ़ सदी यानि लगभग 140 साल पुराने इस शैक्षणिक संस्थान में हर साल होने वाले छात्र चुनावों ने ऐसे अनेक लोगों को जन्म दिया है जो उपद्रव, धमकियों और पैसे की ताकत से सत्ता में आते हैं।'

प्रभजिंदर सिंह डिम्पी चंदभान के नाम से मशहूर था। वह आतंकवाद के बाद पंजाब का पहला गैंगस्टर था, जो फरीदकोट के चंदभान गांव से ताल्लुक रखता था। पुलिस अधिकारी उसे पंजाब में विभिन्न गिरोहों के गैंगस्टरों का गॉडफादर कहते हैं। पिछली सदी में 1996 के मध्य में पंजाब में आतंकवाद के खात्मे के लिए उसने पंजाब विश्वविद्यालय के छात्र नेता मक्खन सिंह की हत्या करके अपना दबदबा कायम कर लिया था। चंदभान ने कई अन्य युवा नेताओं को

संरक्षण दिया और उसका प्रभाव जुलाई 2006 तक बना रहा। यह आरोप लगाया गया कि उसकी हत्या उसके पूर्व शिष्य जसविंदर सिंह उर्फ रॉकी ने की थी। रॉकी को 2014 में आरोपों से बरी कर दिया गया था।[6] उस समय तक वह दूसरा चंदभान बन चुका था। उसने राजनेताओं के अलावा गैंगस्टरों और छात्र नेताओं को संरक्षण दिया। वह शिरोमणि अकाली दल से जुड़ा था और उसने बाद में चुनाव भी लड़ा मगर कामयाब नहीं हो सका।

गैंगस्टर से राजनेता बनने के दौरान रॉकी पर कुछ गैंगस्टरों ने उस पर छींटाकशी करने का आरोप लगाया था। उनमें से एक था जयपाल। हिमाचल प्रदेश के सीमावर्ती शहर परवाणू में 2016 में रॉकी की हत्या कर दी थी। जयपाल और शेरा खुब्बां पुलिस मुकाबलों में मारे गए। यह दोनों भी पंजाब विश्वविद्यालय की छात्र राजनीति से जुड़े थे।

पंजाब विश्वविद्यालय एक विशिष्ट संस्थान है। देश के पूर्व प्रधान मंत्री डॉक्टर मनमोहन सिंह 1957 और 1966 के बीच इस संस्थान को अपनी सेवाएं दे चुके हैं। मूसेवाला की मृत्यु के साथ ही जनता का ध्यान इस 140 वर्षीय संस्थान की विश्वसनीयता पर केंद्रीत हो गया है। जहां इस अति विशिष्ट संस्था में गैंग कल्चर पैदा हो रहा है।

एक ओर जहां जीएस चौहान मूसेवाला के हत्यारों को पकड़ने के लिए अपने नोट्स पर सावधानी से काम कर रहे थे, वहीं दूसरी ओर लगभग तीन सौ किमी दूर बैठा एक व्यक्ति भी इस क्राइम को हल करने के लिए दिन-रात एक कर रहा था।

# 8
# कैचर

हरगोबिंदर सिंह धालीवाल जिन्हें उनके सहकर्मी प्यार से हैरी कहते हैं उस दिन घर पर रविवार के दिन छुट्टी का मजा ले रहे थे। वरिष्ठता के क्रम में 1997 बैच के आईपीएस अधिकारी धालीवाल दिल्ली पुलिस के विशेष सेल का नेतृत्व कर रहे थे। सैल का क्षेत्राधिकार व्यापक है। ये सैल किसी भी उभरते गैंगस्टर के नेटवर्क पर निगाह रखता है और उसे तोड़ या रोक सकता है। मूसेवाला की हत्या का असर दिल्ली तक था क्योंकि गैंगस्टर्स का सिंडीकेट इससे और अधिक ताकतवर होता था।

दिल्ली में हिंसा को रोकने के लिए गैंगस्टरों के किसी भी उभरते नेटवर्क का पता लगाने और उसे तोड़ने के अपने आदेश के साथ धालीवाल की तरह इस सेल के सामने भी यह एक कठिन काम था।

चौड़े कंधे वाले एथलेटिक और क्लीन शेव धालीवाल तीखे नैन-नक्श से एक इटैलियन हीरो जैसी पहचान रखते हैं। उनकी आंखों में एक सख्त चमक रहती है। जो उन्हें शायद कई शीर्ष अपराधियों को गिरफ्तार करने और कठोर गैंगस्टरों से पूछताछ करने के कारण ही मिली है।

इस विशेष पुलिस अधिकारी को अपना काम करना बहुत अच्छी तरह से आता है। धालीवाल पंजाब यूनिवर्सिटी के पूर्व छात्र रहे हैं। प्रबंधन और फिर अंग्रेजी साहित्य में अपनी स्नातकोत्तर डिग्री

का अध्ययन करते समय उन्होंने आतंकवाद के बाद पंजाब में उभरने वाले पहले गैंगस्टर डिम्पी चंदभान के पंजाब यूनिवर्सिटी के उदय को नजदीक से देखा था। शायद यह काव्यात्मक न्याय है। इन गिरोहों का भंडाफोड़ करने वाला अधिकारी भी इसी विश्वविद्यालय से ही है। धालीवाल के पूर्वज पंजाब के मालवा क्षेत्र के मोगा के एक गांव से थे। आधुनिक पंजाब के अधिकांश गैंगस्टर बिश्नोई, गोल्डी बराड़ और गुरप्रीत सेखों भी मालवा क्षेत्र से ही संबंधित हैं। धालीवाल इस क्षेत्र की जातिगत संरचना और इसकी निराशा को अच्छी तरह से समझते हैं। वह जानते हैं कि अवसरों से वंचित युवा खुद को साबित करने के लिए अपराध की ओर रुख क्यों कर रहे हैं। खूंखार अपराधियों के दिमाग में पैठ बनाने की कोशिश में भाषा और संस्कृति के बारे में उनकी समझ बहुत उनके लिए फायदेमंद थी।

29 मई की उस मनहूस शाम को वह अभी एक किताब लेकर बैठे ही थे कि उनके फोन का मैसेज अलर्ट बजा। पहला संदेश था... *मूसेवाला शॉट डैड*।

'जस्ट रिडिकूलस' धालीवाल बड़बड़ाए। किसी संपर्क ने उन्हें इस घटना का वीडियो भेजा था। वीडियो में मूसेवाला के गोलियों से छलनी शरीर को थार से बाहर निकालते हुए दिखाया गया था। हर तरफ अफरा-तफरी मची थी। धालीवाल को उस युवा सिंगर के लिए पीड़ा महसूस हुई, जिसकी जिंदगी संवेदनहीन गैंगवार के चलते खत्म हो गई थी। उन्होंने अपनी सेल की सभी छह रेजों के प्रमुखों को फोन किया और हमलावरों की पूरी जानकारी जमा करने को कहा। यह हमला भारत में हाल के दिनों में किसी भी सेलिब्रिटी पर होने वाले सबसे बेरहम हमलों में से एक है। इसके लिए असॉल्ट राइफल का इस्तेमाल किया गया था। ऐसा राष्ट्रीय राजधानी में भी हो सकता था। जहां इतने वीवीआईपी और मशहूर हस्तियां घूमती रहती थीं।

उनका अगला कदम अपने लैपटॉप को खंगालना था। उन्होंने इसके साथ ही पंजाब और उत्तर भारत के गिरोहों के सदस्यों के प्रोफाइल और तस्वीरों की समीक्षा शुरू कर दी। गंवाने के लिए एक पल भी नहीं

था। धालीवाल ने लगभग तुरंत ही निर्देश जारी करना शुरू कर दिए। उन्होंने एक टीम को मानसा से सभी कॉल डिटेल रिकॉर्ड, टावर डंप और इंटरनेट प्रोटोकॉल डिटेल रिकॉर्ड हासिल करने के आदेश दिए। उन्होंने टीम को क्षेत्र में एक्टिव मोबाइल फोन का पता लगाने और किसी भी असामान्य गतिविधि का पता लगाने के साथ ही उसे ट्रैक करने के लिए दूसरे टावरों तक खोज करने को कहा। अगर निशानेबाजों ने दिल्ली को अपने छिपने के लिए चुना होता तो धालीवाल को आश्चर्य नहीं होता। एनसीआर की 15 करोड़ से ज्यादा की आबादी के बीच गायब होना बेहद आसान था।

गोलीबारी के समय टावर डंप (टीडी) ने सैकड़ों मोबाइल फोन कॉल उठाए थे। इस पर काम कर रही टीम ने इसे अपराध स्थल और मूसेवाला के घर के पास एक्टिव फोन पर सीमित कर दिया। पुलिस टीडी से डेटा का विश्लेषण करने के लिए विशेष सॉफ्टवेयर का उपयोग करती है और किसी भी संदिग्ध गतिविधि को प्रदर्शित करने वाले नंबरों पर ध्यान केंद्रित करती है। इन संदिग्ध नंबरों का सीडीआर पर उनका मिलान और विश्लेषण किया जाता है। इससे वे किसी संदिग्ध के मोबाइल नंबर की गतिविधि को ट्रैक कर सकते हैं। पुलिस कॉल की अवधि को भी देखती है। उदाहरण के लिए अगर कोई कॉल 15 सैकंड के लिए थी तो पुलिस पास के टावरों से समान अवधि की अन्य कॉलों की जांच करती। इस तरह वे खोज को कुछ संदिग्ध नंबरों तक सीमित कर देते।

इस पूरी प्रक्रिया में कंप्यूटर के सामने घंटों बैठने या कॉल रिकॉर्ड के साथ कागज के टुकड़ों का विश्लेषण करने में घंटों लग जाते हैं। इससे भी बुरी बात यह है कि यह समय के विपरीत एक दौड़ की तरह है। संदिग्ध लगातार घूम सकता है और फोन को छोड़ कर नया फोन इस्तेमाल कर सकता है। कुल मिला कर जब तक उन्हें पकड़ा नहीं जाता तब तक सार्वजनिक जीवन और संपत्ति के लिए खतरा बना रहता है।

अपराधी खुद को इन नवीनतम तकनीकी उपकरणों से भी अपडेट रखते हैं, जिनका उपयोग पुलिस उन्हें ट्रैक करने के लिए करती है। ज्यादातर समय वे सिग्नल, टेलीग्राम और व्हाट्सएप जैसे ऐप के जरिए कॉल करते हैं। इससे उन्हें ट्रैक करना मुश्किल हो जाता है।

धालीवाल बताते हैं, 'यह कुछ हद तक जंगल में चूहे को खोजने जैसा है। गैंगस्टर एक-दूसरे से सीधे बात नहीं करते। मान लीजिए ए और बी के बीच कोई कॉल नहीं है। इसके बजाय ए किसी तीसरे व्यक्ति सी को कॉल करेगा, जो कॉल को स्पीकर मोड पर रखेगा और दूसरे फोन से वह बी को डायल करेगा और उस कॉल को भी स्पीकर पर डाल देगा। बातचीत स्पीकर फोन के माध्यम से ए और बी के बीच होगी। इससे पुलिस ए और सी या बी और सी के बीच कॉल को संदिग्ध के रूप में तलाश नहीं कर पाती। अगर वे ऐसा करते भी हैं तो मुख्य संदिग्ध ए के स्थान और पहचान छिपी रहती है। इसे तोड़ना हमेशा कठिन होता है। इसके अलावा और भी बहुत सारे क्रम परिवर्तन और संयोजन हैं। यह मैट्रिक्स की तरह चल रहा है... क्या आप जानते हैं,' वह मुस्कुराते हैं।

स्पेशल सेल की एक अन्य टीम को लॉरेंस बिश्नोई गैंग, भगवानपुरिया गैंग, कौशल गैंग, बंबीहा गैंग, काला जठेड़ी गैंग और कई अन्य गैंग के सदस्यों का प्रोफाइल पता लगाने और जानकारी अपडेट करने के लिए कहा गया था।

फिर ह्यूमन इंटेलिजेंस का उपयोग करके एक विशिष्ट टीम को जमीन पर सक्रिय किया गया। सिद्धू मूसेवाला की मौत के कुछ ही घंटों के भीतर धालीवाल हत्यारों पर हमलावर हो गए। लेकिन पीछा करना आसान नहीं था।

उनके लिए सबसे बड़ी चुनौती जैसा कि धालीवाल ने बाद में मीडिया को बताया यह थी कि वे अपराध-स्थल पर नहीं जा सकते थे। वे दिल्ली पुलिस का हिस्सा थे और अपराध-स्थल पंजाब पुलिस के अधिकार क्षेत्र में आता था। किसी अपराध को अंजाम देने के तुरंत बाद क्षेत्र सुरागों से भरा होता है। घटना में इस्तेमाल किए गए हथियारों

की किस्म, शामिल व्यक्तियों की गिनती, भागने के लिए इस्तेमाल की गई गाड़ी और जांच टीम के लिए पहले इन सुरागों की तलाश करना अहम होता है। केवल घटनास्थल पर मौजूद रहकर ही जांचकर्ता छोटी से छोटी जानकारी का पता लगा सकते हैं, जिससे आगे बढ़ने में मदद मिलती है। अगर धालीवाल ने घटनास्थल का दौरा किया होता तो इससे राज्य पुलिस के साथ टकराव तय था। कोई भी पुलिस टीम अपने काम और क्षेत्र में हस्तक्षेप पसंद नहीं करती। धालीवाल को प्रोटोकॉल बनाए रखने और पंजाब पुलिस में अपने समकक्षों को परेशान न करने का ध्यान रखना था। इसलिए उन्होंने अपनी दूरी बनाए रखी।

'यह एक शरीर के ऑपरेशन करने जैसा होता है। शरीर के दूसरे हिस्से से हम पहले हिस्से को छू भी नहीं सकते,' बाद में धालीवाल ने बताया।

भारत के संघीय ढांचे के अनुसार प्रत्येक राज्य या केंद्र शासित प्रदेश यूटी की अपनी स्वतंत्र पुलिसिंग इकाई होती है। जबकि रक्षा और अर्ध-सैन्य बल देश की सीमाओं की रक्षा करते हैं। राज्य पुलिस कानून और व्यवस्था के लिए जिम्मेदार है। केवल राज्य पुलिस बल का अपने राज्य पर अधिकार क्षेत्र होता है।

एक राज्य की पुलिस दूसरे राज्य में अकेले ऑपरेशन नहीं चला सकती। धालीवाल यह सुनिश्चित कर रहे थे कि वह कोई ऐसा कदम न उठाएं और अपनी ही जांच को खतरे में न डालें।

फिर लॉरेंस बिश्नोई का मामला था। बिश्नोई के करीबी सहयोगी गोल्डी बराड़ ने आगे बढ़कर मूसेवाला की हत्या की जिम्मेदारी ले ली थी। लॉरेंस को नई दिल्ली की तिहाड़ जेल में कैद किया गया था। धालीवाल किसी अन्य एजेंसी के पहुंचने से पहले उस तक पहुंचना चाहते थे। हत्या के ठीक एक दिन बाद बिना समय बर्बाद किए स्पेशल सेल बिश्नोई को प्रोडक्शन वारंट पर रोहिणी पुलिस स्टेशन ले आया।

धालीवाल बिश्नोई से बातचीत करने के लिए आधी रात को रोहिणी पुलिस स्टेशन के लिए रवाना हुए। कार में ही उन्होंने बिश्नोई पर नोट्स के लिए अपनी फाइल की जांच की। इस फाइल में एक

विशेष ऑपरेशन का विवरण था। गैंगस्टरों के खिलाफ यह कार्रवाई जो उनकी टीम ने सिर्फ दो महीने पहले की थी। इसमें उत्तर भारत में गिरोहों और उनकी शाखाओं के वर्णन और उनकी प्रतिद्वंद्विता और रक्तपात के इतिहास का संक्षिप्त विवरण दर्ज था।

अप्रैल 2022 की शुरुआत में दिल्ली पुलिस के स्पेशल सेल ने उत्तर भारत में गैंगस्टरों को बेअसर करने के लिए एक खास कार्यक्रम लॉन्च किया। गैंगस्टर अपनी गतिविधियों के लिए एनसीआर पर नजर रख रहे थे। इसके अलावा ये गैंग न केवल एक-दूसरे के सदस्यों की हत्या कर रहे थे बल्कि पंजाब, हरियाणा, दिल्ली एनसीआर और उत्तर प्रदेश में सक्रिय शक्तिशाली सिंडिकेट के सदस्यों से हाथ भी मिला रहे थे।

कई मायनों में हर एक सिंडिकेट का नेटवर्क काफी संगठित होता है। यदि निशानेबाजों को अपनी गाड़ी को छोड़कर देश में कहीं भी भागना होता है, तो अगले मोड़ पर हमेशा एक नई गाड़ी उनका इंतजार करती रहती है। इसके अलावा उनके पास ठिकाने, पैसा और इंटरनेशनल सिम कार्डस के अलावा बेहतरीन हथियार और फोन तक उपलब्ध रहते हैं।

इनमें से एक सिंडिकेट जो उभरा था उसमें लॉरेंस बिश्नोई, संदीप काला जठेड़ी, वीरेंद्र प्रताप काला राणा और सूबा गुर्जर शामिल थे।[1] जबकि दूसरे सिंडिकेट में लक्की पटियाल, बंबीहा, कौशल चौधरी गैंग, एनसीआर के सुनील बालियान उर्फ टिल्लू ताजपुरिया थे। हरियाणा और नौएडा का नीरज सहरावत बवानिया गैंग भी था।

सिंडिकेट के गठन से अपराधों को बढ़ावा मिला था। मल्लियां गांव में एक कबड्डी मैच के दौरान दिनदहाड़े और सैकड़ों दर्शकों के सामने कबड्डी खिलाड़ी संदीप नांगल अंबियान की हत्या ताजा उदाहरण था। पांच अज्ञात हमलावरों ने अंबियान को गोली मार दी थी। ये लोग स्पष्ट रूप से कौशल-डागर-बंबीहा गिरोह के थे। जिनका खेल

में आर्थिक फायदा था। माथे में गोली लगने से अंबियान की मौत हो गई जबकि निशानेबाज अपराध स्थल से फरार हो गए।

कहा जाता है कि अंबियान की कबड्डी लीग को लॉरेंस बिश्नोई अपराध सिंडिकेट के करीबी दोस्त और जग्गू भगवानपुरिया का आशीर्वाद प्राप्त था। धालीवाल के अनुसार अंबियान की हत्या ने उनके विश्वास को मजबूत किया कि आपराधिक गठबंधन को फिर से हमला करने से पहले प्रोफाइल, मैप, पहचान और कानून के दायरे में लाने की जरूरत थी। वह ऐसी घटनाओं और असामाजिक तत्वों को दिल्ली से दूर रखना चाहते थे।[2]

नवंबर 2021 में स्पेशल सेल ने पहली बार लॉरेंस सिंडिकेट को अपने कब्जे में लिया। यह नई दिल्ली और उसके आसपास एक्टिव था। उन्होंने काला जठेड़ी, काला राणा और कई अन्य गैंगस्टरों को मकोका एक्ट के तहत गिरफ्तार किया। लॉरेंस को भी इस अधिनियम के तहत हिरासत में लिया गया था। इसके बाद फरवरी 2022 में पटियाल-बंबीहा-कौशल सिंडिकेट जो पहले से ही हरियाणा, राजस्थान, पंजाब और चंडीगढ़ में लॉरेंस और अन्य लोगों के साथ गैंगवार में शामिल था आग की चपेट में आ गया था। यह काम भी गठबंधन ने किया था।[3]

'हमने एक लंबे समय तक चलने वाला जटिल ऑपरेशन चलाया। जहां अपने इनफॉरमरों को तैनात करते समय बड़े पैमाने पर डेटा की मांग की और फिर इसका विश्लेषण किया' धालीवाल बताते हैं, 'गठबंधन के फैलाव को समझने के लिए कई गैंगस्टरों की पूछताछ रिपोर्टों का गहन विश्लेषण किया।'

स्पेशल सेल सिर्फ गैंगस्टरों को गिरफ्तार नहीं कर रहा था, बल्कि समस्या की जड़ तक जाने की कोशिश भी कर रहा था। उन्होंने पता लगाया कि ये गैंग आखिर काम कैसे करते हैं। उन्होंने इसे हब एंड स्पोक मॉडल के रूप में वर्णित किया।

विदेशों और भारत में इन गैंगस्टरों के सदस्यों के बीच संबंध थे। लोकल गैंगस्टरों के पास न्यूनतम नेटवर्क था और वे विदेशों में तैनात वरिष्ठों के माध्यम से बात करते थे। इससे उनका पता लगाना बेहद

कठिन काम था। गहन विश्लेषण में यूके, कनाडा, अमेरिका, थाईलैंड, मलेशिया, अर्मीनिया, पाकिस्तान और अन्य देशों में कई विदेश आधारित संचार और समन्वय केंद्र मिले। उनके भारतीय अड्डे बंगलुरु, नासिक, जीरकपुर, फरीदाबाद, बद्दी, दिल्ली एनसीआर और देहरादून में थे।

मूसेवाला की हत्या जहां स्थानीय अपराधियों ने की थी, वहीं उनकी हत्या की साजिश काफी बड़े स्तर पर रची गई थी।

लंगोट पहने लॉरेंस बिश्नोई एक मेज और कुर्सी के सामने फर्श पर बैठा था। वह एक गंभीर अपराध के लिए पूछताछ के लिए तैयार दिख रहा था। धालीवाल को इससे कोई फर्क नहीं पड़ा। स्पेशल सेल ने लॉरेंस से पहले भी पूछताछ की थी।

धालीवाल ने कहा, 'हां तो बात करते हैं। हम जानते हैं कि यह तुम लोगों ने ही किया है, पर क्यों?'

जवाब देने से पहले लॉरेंस एक पल रुक कर बोला, 'सर, क्या आपने उसके गाने सुने हैं, उन्हें ध्यान से सुनें। आपको पता चल जाएगा कि ऐसा क्यों हुआ, विक्की मेरा बड़ा भाई था, मेरा गुरू था, और उन्होंने उसी को मार डाला।' उसकी आंखों में बदले की चमक साफ थी। लॉरेंस अब अपने हाथों को अपने उठे हुए घुटनों के चारों ओर रखकर बैठ गया।

'उसने हमारे प्रतिद्वंद्वी बंबीहा के लिए स्तुति गीत गाया। गाने की इंट्रो में कहा गया कि यह सिर्फ एक गाना नहीं बल्कि किसी के चेहरे पर तमाचा है। हमने उस थप्पड़ का जवाब दिया है,' लॉरेंस ने कहा, 'हमें अपने सम्मान, अपने सम्मान की रक्षा करनी थी।'

उस रात बाद में धालीवाल मूसेवाला के गाने सुने बिना बिस्तर पर नहीं जा सके। उन्होंने उन सभी को एक-एक करके सुना। कुछ नोट्स बनाए कुछ अंशों को बार-बार सुनने के लिए अंशों को दोहराया। उन्होंने महसूस किया कि मूसेवाला ने जो कुछ अनुभव किया था वह

उसके गीतों में हमेशा के लिए अंकित हो गया था। मूसेवाला और उसके दृष्टिकोण को समझने के लिए उसके संगीत को समझना जरूरी था।

जब धालीवाल का काम खत्म हुआ तब तक भोर हो चुकी थी। उन्होंने मूसेवाला के गीत सुनते हुए रात बिताई थी। इससे उन्हें कुछ विचार मिले थे कि उसे क्यों मारा गया था। उनकी टीमें भी काम कर रही थीं और उन्होंने संदिग्धों की सूची भी भेजी थी। अब उनके पीछे जाने का समय आ गया था।

# ९

# जांच-पड़ताल

अफरा-तफरी।

मूसेवाला की हत्या की पुलिस जांच आसान नहीं थी। भागते हुए हत्यारों को ट्रैक करना हमेशा एक गतिशील स्थिति होती है। यह एक तरह से समय और सभी बाधाओं के खिलाफ एक दौड़ होती है। इस मामले में पीड़ित एक हाई प्रोफाइल सिंगर और उभरता राजनेता था, तो दांव और भी बड़ा था। मामले में लोगों की दिलचस्पी बढ़ रही थी और पुलिस को पता था कि अगर उन्होंने जल्द कुछ नहीं किया तो उन पर उंगली उठना तय था। पुलिस ने मामले को सुलझाने और भगोड़ों को पकड़ने के लिए तेजी से काम करना शुरू कर दिया। यह आसान नहीं था। गैंग का नेटवर्क व्यापक और अंडरग्राउंड था।

पुलिस की दो अलग-अलग टीमें आरोपियों की तलाश में थीं। एक तरफ थी पंजाब पुलिस जिसका नेतृत्व पहले पूर्व डीजीपी वीके भावरा और बाद में गौरव यादव कर रहे थे और दूसरी तरफ थे दिल्ली पुलिस के स्पेशल कमिश्नर एचजीएस धालीवाल।

पुलिस की दोनों टीमें मूसेवाला के हमलावरों को सबसे पहले पकड़ना चाहती थीं। यह सिर्फ एक हाई-प्रोफाइल मामले को सुलझाकर सुर्खियां बटोरने का मामला नहीं था। बल्कि मूसेवाला की हत्या को रोकने में उनकी विफलता के बाद अपनी प्रतिष्ठा को बचाने का भी

था। शूटआउट के 24 घंटे से भी कम समय के बाद दिल्ली पुलिस ने शार्पशूटर और जितेंद्र गोगी गैंग के मुखिया रोहित मोई को तिहाड़ जेल से प्रोडक्शन रिमांड पर ले लिया। पुलिस को विश्वास था कि उसके पास कुछ जानकारी हो सकती थी।

31 मई की दोपहर लॉरेंस बिश्नोई दिल्ली पुलिस के हाथ लग गया। पंजाब पुलिस भी ऐसा ही कुछ करने की योजना बना ही रही थी। लेकिन दिल्ली के अधिकारियों ने उसे विशेष रिमांड पर तिहाड़ जेल से बाहर लाने का काम पहले ही कर दिया।

बाद में बिश्नोई ने उसे पंजाब पुलिस को रिमांड पर भेजने के किसी भी फैसले के खिलाफ सुरक्षा मांगने के लिए दिल्ली उच्च न्यायालय का रुख किया। वह पंजाब पुलिस से क्यों सावधान था यह भी एक बड़ा सवाल था। अदालत को दिए अपने बयान में बिश्नोई ने अनुरोध किया कि उसे पंजाब पुलिस को न सौंपा जाए, क्योंकि उसे अपनी जान का डर था।[1] उसके खिलाफ कई मामले थे और बिश्नोई को डर था कि पंजाब में अधिकारी किसी हादसे के जरिए उसकी हत्या कर सकते थे।

हालांकि पंजाब में अधिकारी भी खामोश नहीं थे। दिल्ली पुलिस बिश्नोई से पूछताछ कर ही रही थी। शूटरों ने जिस बोलेरो का इस्तेमाल किया था, वह पंजाब-हरियाणा सीमा के करीब ख्याला गांव के पास लावारिस हालत में मिली थी। वाहन की तलाशी लेने पर उन्हें हरियाणा के फतेहाबाद के एक पेट्रोल पंप से फ्यूल की पर्ची मिली थी। पर्ची में तारीख दर्ज थी 25 मई। पंजाब पुलिस की एक टीम पेट्रोल पंप पर पहुंची तो उन्हें दो शूटरों की सीसीटीवी फुटेज मिली। शूटर पेट्रोल मीटर देखने के लिए बोलेरो से निकले थे, जबकि पेट्रोल पंप का कारिंदा कार में ईंधन भर रहा था।

उनकी फोटो पेट्रोल पंप पर लगे सीसीटीवी कैमरे में कैद हो गई। दोनों की पहचान प्रियव्रत फौजी और कशिश के रूप में हुई।

बाद में एडीजीपी प्रमोद बान ने मीडिया को बताया कि हालांकि उन्होंने सीसीटीवी फुटेज से शूटरों की पहचान कर ली थी, लेकिन

शुरुआत में उन्होंने जानकारी को गुप्त रखा गया था। उन्होंने कहा, 'हमने इसे सार्वजनिक नहीं किया क्योंकि इससे शूटरों और अन्य लोगों के सावधान होने का अंदेशा था।'

दोनों राज्यों और उनकी पुलिस टीमों के बीच अपराध को सबसे पहले सुलझाने की होड़ जारी थी। दिल्ली पुलिस ने मामले की प्रगति के बारे में जानकारी साझा नहीं की, लेकिन मीडिया सभी सूचनाओं के विश्वसनीय स्रोतों का हवाला देते हुए इस पर रिपोर्ट करता रहा।

हालांकि शूटरों ने अपने भागने के रास्ते अलग-अलग रखने का ध्यान रखा था, लेकिन दिल्ली पुलिस उनकी गतिविधियों का पता लगाने में सक्षम थी। टीमों को उत्तर प्रदेश और नेपाल, मध्य प्रदेश और पुणे की ओर रवाना किया गया। एक दल को गुजरात विशेषकर कच्छ क्षेत्र की ओर भेजा गया। कौन सा निशान सटीक निकलेगा यह एक जबरदस्त थ्रिलर था। धालीवाल केस पर कड़ी नजर रख रहे थे और हर सुराग का पालन कर रहे थे। वह अपने विभिन्न उपकरणों पर हर चीज की निगरानी कर रहे थे, अपने वरिष्ठ अधिकारियों को सूचित करते हुए जमीन पर टीमों का समन्वय और मार्गदर्शन कर रहे थे।

इस बीच पंजाब पुलिस भी भारी दबाव में थी। सबसे पहले यह सार्वजनिक ही था कि पुलिस को मूसेवाला के खतरे के बारे में पता था। मगर लाख चेतावनियों के बावजूद पुलिस की नाक के नीचे ऐसा अपराध हुआ था। दूसरे मूसेवाला ने हाल ही में चुनाव लड़ा था जिसमें वह हार गया था। सरकार बनते ही नवगठित आप सरकार ने उसकी सुरक्षा में कटौती कर दी थी। इसलिए यह हत्या एक बड़े राजनीतिक विवाद का रूप ले रही थी। तीसरे सरकार और पुलिस को जनता के विद्रोह की आशंका थी। मूसेवाला के घर पहुंचने वाले शोक मनाने वालों की भीड़ बढ़ती जा रही थी।

अगर दिल्ली और पंजाब ने इस मामले में मिलकर काम किया होता तो शायद मामला बहुत जल्द सुलझ गया होता। लेकिन दोनों टीमों ने एक-दूसरे से जानकारी छिपाई। यह मामला हर राष्ट्रीय मीडिया चैनलों पर था और दोनों टीमें खुद को एक-दूसरे से सर्वश्रेष्ठ दिखाना

चाहती थीं। लेकिन जीतेगा कौन और निशानेबाजों तक सबसे पहले कौन पहुंचेगा यह एक बहुत बड़ा सवाल था।

इसके मूल में इस अपराध को एक सुलझी हुई पहेली के रूप में देखा जा सकता है। टुकड़ों को एक साथ रखने के लिए एक जानकार हाथ की आवश्यकता होती है। अपराधी सोचते हैं कि वे बहुत शातिर हैं। लेकिन असावधानी के क्षणों में गलतियां हो जाती हैं और प्रत्येक अपराधी अपने पीछे कुछ न कुछ सुराग छोड़ ही देता है, जो समझदार आंखों के लिए स्पष्ट होते हैं।

अच्छे जांचकर्ताओं के लिए अपराध स्थल पर अपराधियों की हर हरकत, हर जूते का निशान, फिंगरप्रिंट यहां तक कि एक बाल भी एक सुराग हो सकता है। फिर चलाई गई गोलियां, इस्तेमाल की गई बंदूकें, गोली चलाने का तरीका, हत्या करने की शैली, खून के छींटे, भागने का रास्ता, आंखों देखा विवरण, खून के नमूने इनमें से प्रत्येक जानकारी सोने की खान होती है। इसमें कोई आश्चर्य की बात नहीं है कि पुलिस अपराध स्थल का सर्वेक्षण भोजन पर मंडराती चींटियों की तरह करती है। छोटी से छोटी बारीकियों को देखती है। क्षेत्र के हर पहलू की जांच करती है। मूसेवाला हत्याकांड में सबसे पहला सुराग और सबसे महत्वपूर्ण सुराग शूटरों की छोड़ी गई गाड़ियां थीं कोरोला और बोलेरो। कौन जानता था कि इन कारों में क्या रहस्य छिपे थे।

मूसेवाला पर गोली चलाने के आधे घंटे बाद पंजाब पुलिस के एआईजी चौहान मोहाली से मानसा जा रहे थे। उनकी इनोवा अपनी तीन घंटे लंबी यात्रा पर आगे बढ़ी चौहान का दिमाग भी संभावनाओं से भर गया। क्या मूसेवाला गैंगवार का शिकार हुआ था, जैसा कि गोल्डी बराड़ ने अपनी पोस्ट में दावा किया था या फिर बराड़ का वीडियो पुलिस को गुमराह करने की एक चाल थी। क्या यह एक राजनीतिक हत्या थी। मूसेवाला के विधानसभा चुनाव हारने के बाद जो उसने कुछ महीने पहले मानसा

से लड़ा था और हारने के बाद उसने मानसा के मतदाताओं के साथ विश्वासघात के बारे में शिकायत करते हुए स्कैप गोट नाम का एक गीत जारी किया था। मूसेवाला की मां उसके गांव की सरपंच थी। सरपंच अक्सर गांव के झगड़ों में उलझे रहते हैं। क्या इस बात का उसकी हत्या से कोई लेना-देना हो सकता था। क्या यह निजी दुश्मनी का मामला था या ये कोई आतंकवादी गतिविधि थी। उसके गीत *295* ने धार्मिक नेताओं समेत कई लोगों को नाराज कर दिया था। इस गीत ने उन लोगों को खुले तौर पर चुनौती दी थी, जो खुद को सिख पंथ के एकमात्र संरक्षक के रूप में देखते थे। मूसेवाला ने गाया था: *तू झुक्केया जरूर... थोड्डा तां नी।*

आप निराश हो सकते हैं लेकिन आपने अभी
समर्पण नहीं किया है
आप अभी भी पगड़ी पहनते हैं
और अपना बाल भी बांका नहीं होने दिया
मैं धर्म के इन स्वयंभू संतों से पूछता हूं
कि क्या पंथ केवल उनका ही है?

यह गाना खुले तौर पर सत्ता पर सवाल उठाता है, इसलिए युवाओं में तुरंत हिट भी हो गया खासकर पंजाब और कश्मीर में। इसने उन लोगों को प्रभावित किया जो जिम्मेदार लोगों से नाखुश थे। यह गीत असंतुष्ट युवाओं का आदर्श गीत बन गया।

गाने का नाम भारतीय दंड संहिता आईपीसी की दफा 295 के नाम पर रखा गया था, जो धार्मिक भावनाओं को ठेस पहुंचाने से संबंधित अपराधों से संबंधित है। मूसेवाला को इस दफा का दो बार सामना करना पड़ा था। पहली फरवरी 2020 को मानसा और फिर 19 जुलाई 2020 को मोहाली में अपने गीत, *जट्टी ज्यूणे मोर वरगी* के जरिए सिखों की भावनाओं को ठेस पहुंचाने के लिए।[2]

गाने में मूसेवाला ने दो ऐतिहासिक पात्रों का जिक्र किया। जियूणा मोर जो उन्नीसवीं सदी का पंजाब का एक जाना-माना डकैत था और

माई भागो जिसे एक महिला योद्धा संत के रूप में प्रतिष्ठित किया जाता है। जियूणा मोर पंजाबी लोक गीतों का एक लोकप्रिय पात्र है। वह रॉबिनहुड जैसा व्यक्ति था। उसने गरीबों को खाना खिलाने के लिए अमीरों से लूटपाट की थी। उसके साहस और उदारता की बीसियों कहानियां पंजाब में परिचित हैं।

माई भागो को सिखों में महान शहीद के रूप में सम्मानित किया जाता है। झब्बाल तरनतारन की इस साहसी महिला योद्धा ने मुगलों के खिलाफ गुरु गोबिंद सिंह के नेतृत्व में एक ऐतिहासिक लड़ाई में महत्वपूर्ण भूमिका निभाई थी। पंजाब के मालवा क्षेत्र में ऐसी ही एक लड़ाई में चालीस सैनिकों ने जब गुरु को छोड़ दिया था, तो माई भागो ने इन सैनिकों को ताना मारा और उन्हें गुरु के पक्ष में लौटने के लिए प्रेरित किया था।

किंवदंती के अनुसार खिदराना की ढाब में दस हजार की मजबूत मुगल सेना ने गुरु गोबिंद सिंह के नेतृत्व में सिखों पर हमला किया। माई भागो के नेतृत्व में उन्हीं चालीस सैनिकों ने सेना पर आक्रमण किया और उन्हें खदेड़ दिया। सैनिकों ने शहादत प्राप्त की। बाद में उन्हें चालीस मुक्तों के रूप में सम्मानित किया गया। कालांतर में यह स्थान श्री मुक्तसर साहिब के नाम से प्रसिद्ध हुआ।

*जट्टी जियूणे मोर वरगी* में मूसेवाला ने एक मजबूत महिला नायक के बारे में गाया था, जो कभी भी किसी के सामने नहीं झुकी बिल्कुल जियूणे मोर की बंदूक की तरह। लोकप्रिय पंजाबी अभिनेत्री सोनम बाजवा ने इस वीडियो में अभिनय किया, जिसमें उन्हें साहसपूर्वक पुरुषों से मुकाबला करते और महिलाओं को उनके चंगुल से बचाते हुए दिखाया गया। इस गीत के एक छंद में मूसेवाला ने उसकी तुलना माई भागो से करते हुए गाया कि कैसे उन्हें योद्धा संत का स्वभाव विरासत में मिला था। यह बात कुछ लोगों को रास नहीं आई। एक साधारण महिला की तुलना पगड़ीधारी अमृतधारी सिख माई भागो से करने पर गायक के खिलाफ एफआईआर दर्ज की गई।

हालांकि उसने इसके लिए माफी मांग ली थी, लेकिन बाद में *295* में धर्म और मीडिया पर स्वयंभू विशेषज्ञों की आलोचना करके उसने अपना बदला ले लिया। गीत के जरिए उसने अपने उन आलोचकों पर भी निशाना साधा जिन्होंने उसके सोशल मीडिया चैनलों पर अपमानजनक टिप्पणियों की बाढ़ ला दी थी। इस गीत में मूसेवाला ने गाया:

*ओ गंदियां सियासत... एहो जी तारीख मिलुगी...*

> गंदी राजनीति को अपने दिल से निकाल दीजिये।
> किसी योग्य व्यक्ति को गुरु के घर जाने के लिए छोड़ दें।

---

चौहान ने फील्ड इकाइयों को अपने संदेश में कहा, 'इस कोरोला के बारे में आप जो कुछ भी जानकारी हासिल कर सकते हैं सब खोजें। गाड़ी का नंबर नकली हो सकता है लेकिन हम फिर भी बहुत कुछ ढूंढ सकते हैं। गैंगस्टरों से जुड़े पिछले मामलों को देखें जहां कारों का इस्तेमाल किया गया है। अपने मुखबिरों से बात करें, जेलों में बंद गैंगस्टरों से पूछताछ करें, मूसा गांव के निवासियों से पूछें कि क्या उन्होंने पहले इस तरह की कार देखी थी या नहीं। आसपास के गांवों में अपने मुखबिरों से बात करें। मानसा, बठिंडा, बरनाला, पूरे राज्य, पूरे देश में हर किसी से पूछें। अपराधी चाहे पाताल लोक में छुपे हों सब का पता लगाएं,' चौहान अपनी टीम पर गरजे।

मूसेवाला की हत्या की जिम्मेदारी लेने के बाद पत्रकार रितेश लक्खी के साथ इंटरनेट पर गोल्डी बराड़ के लाइव इंटरव्यू ने पुलिस को उग्रता से काम करने पर मजबूर कर दिया। पुलिस ने लॉरेंस बिश्नोई गिरोह के सभी गैंगस्टरों के डोजियर खोद निकाले। उनके समर्थक अंडरग्राउंड वर्कर और हथियार सप्लाई करने वाले उनके सहयोगी सभी पुलिस के राडार पर थे। लोगों के फोन टैप किए जा रहे थे। संदिग्धों की तस्वीरें पुलिस व्हाट्सएप ग्रुपों और निजी संचार चैनलों पर साझा की गईं।

आखिरकार इस सारी तूफानी गतिविधि के बाद पंजाब पुलिस के लिए आशा की एक किरण जगी। एक टीम ने बताया कि एक मुखबिर ने कुछ समय पहले तलवंडी के गैंगस्टर मनप्रीत मन्ना को कोरोला चलाते देखा था। लेकिन मन्ना फरीदकोट जेल में था। वह कुलबीर नरुआना नाम के गैंगस्टर की हत्या के आरोप में विचाराधीन कैदी के रूप में लगभग एक साल से जेल में था। एजीटीएफ के आदेश पर विभिन्न जिलों की पुलिस ने उसे फरीदकोट से पूछताछ के लिए लाने के लिए आवश्यक कागजी कार्रवाई शुरू की। उन्होंने इस तथ्य का भी खुलासा किया कि मन्ना एक अन्य गैंगस्टर सारज मिंटू का करीबी था, जिसे बीस दिन पहले बठिंडा जेल में स्थानांतरित किया गया था। एक जेल अधिकारी ने जांच कर रहे एजीटीएफ को बताया कि दोनों करीबी दोस्त थे। इसलिए उन्हें अलग-अलग जेलों में रखना पड़ा। अब सारज मिंटू के लिए भी प्रोडक्शन वारंट तैयार किया गया। मिंटू जग्गू भगवानपुरिया का करीबी था। दोषियों के संबंध धीरे-धीरे उजागर हो रहे थे।

चौहान और डीएसपी बिक्रमजीत बराड़ ने मनप्रीत मन्ना उर्फ मन्ना तलवंडी के बारे में और अधिक जानकारी हासिल करने के लिए अपनी सारी ऊर्जा लगा दी। एक मुखबिर ने पुलिस को बताया कि मन्ना के एक रिश्तेदार भाऊ को एक कोरोला चलाते हुए देखा गया था। यह जानकारी इस बात की पुष्टि करने के लिए काफी थी कि मन्ना तलवंडी एक सफेद कोरोला का मालिक था। अब सुराग एक साथ आने लगे थे।

तलवंडी और भाऊ के अलावा मूसेवाला के निशानेबाज एक ही कोरोला का उपयोग कर रहे थे। जब भाऊ का फोन ट्रैकर पर डाला गया, तो वह हत्या के क्षेत्र से लगभग तीन सौ किलोमीटर दूर देहरादून के आसपास दिखाई दिया।

'क्या उसे अपराध स्थल से दूर दिखाने की कोशिश की जा रही थी?' चौहान ने हैरानी जताई। 'यह हो सकता था। यह ऐसे गैंगस्टरों की एक सामान्य कार्य प्रणाली है,' बराड़ ने सिर हिलाया। बठिंडा एजीटीएफ की एक इकाई देहरादून पहुंची जहां अगले ही दिन उत्तराखंड पुलिस के विशेष कार्य बल एसटीएफ की मदद से मन्ना को पकड़

लिया गया। मन्ना अपनी गिरफ्तारी से हैरान था। वह चार दोस्तों के साथ सफेद स्कार्पियो में घूम रहा था। इन सभी को पूछताछ के लिए मानसा लाया गया।

मूसेवाला की हत्या पर छाई धुंध छंटने लगी थी। भाऊ मन्ना का करीबी सहयोगी था। वह अपहरण और हत्या के प्रयास के एक मामले में जमानत पर बाहर था। पुलिस के दबाव डालने पर उसने खुलासा किया कि मन्ना तलवंडी को सारज मिंटू ने दो कोरोला कारें दिलवाई थी। भाऊ को इनमें से एक कार को सिद्धू मूसेवाला के गांव से लगभग 80 किलोमीटर उत्तर पश्चिम में कोटकपुरा ग्रीन ढाबा बाईपास पर दो लोगों को सौंपने के लिए कहा गया था। जिन दो व्यक्तियों को कार दी गई थी उनके नाम जगरूप सिंह रूपा और माणु कूस्सा थे।

पंजाब पुलिस ने उनके नाम ध्यान से नोट किए।

धालीवाल की स्टडी टेबल पर एक इंच भी जगह नहीं थी। मूसेवाला हत्याकांड से जुड़ा हर कागज का टुकड़ा, तस्वीर, डोजियर और अपराध स्थल का नक्शा टेबल पर था। मूसेवाला के लिए सावधानीपूर्वक चिन्हित मार्ग थे। उसके घर के साथ-साथ अपराध स्थल से दूर के रास्ते भी। उनकी दो टीमें संभावित प्रवेश और निकास मार्गों की जांच कर रही थीं। एक अलग टीम सीसीटीवी फुटेज देख रही थी। दूसरी टीम संदिग्धों द्वारा इस्तेमाल किए गए रास्ते पर संभावित ठिकानों से जुड़ी मानव खुफिया जानकारी इकट्ठा करने की कोशिश कर रही थी। पुलिस भले ही अपराधियों को पकड़ने के लिए प्रौद्योगिकी का तेजी से उपयोग कर रही थी, लेकिन मुखबिरों की सूचनाओं को हमेशा से ज्यादा पुख्ता माना जाता है। किसी भी पुलिस स्टेशन का एक स्टेशन हाउस ऑफिसर एसएचओ ऐसे नेटवर्क को एक्टिव रखता है। ऐसे मुखबिर आपराधिक गिरोहों से भी मिले होते हैं।

भारतीय पुलिस का एक दिलचस्प पहलू यह है कि जरूरत पड़ने पर वह तुरंत अति सक्रिय हो जाती है। वे एक बड़े अपराध को घटित

होने से रोकने में विफल हो सकते हैं। लेकिन वास्तव में ऐसा बहुत कम होता है जो पुलिस वाले नहीं जानते। उनके पास मुखबिरों का एक व्यापक नेटवर्क होता है, जिसका उपयोग वे जानकारी के लिए करते हैं। इस मामले में भी दिल्ली पुलिस ने जेलों के भीतर मुखबिरों को सक्रिय कर दिया था। लगभग सभी दुष्कर्मों की खबरें, विशेष रूप से हाई-प्रोफाइल वाली खबरें आपराधिक सर्किट में तेजी से प्रसारित होती हैं। जैसे ही दिल्ली पुलिस दूसरे गैंग तक पहुंची महत्वपूर्ण सफलता हासिल होती चली गई। फोन और इंटरनेट के उपयोग पर नजर रखने, प्रतिद्वंद्वी गिरोहों के टावर डंप विश्लेषण और खुफिया जानकारी के साथ पुलिस अब छह जून तक मामले में आठ संदिग्धों का एक प्रोफाइल विकसित करने में सक्षम हो गई। इन संदिग्धों की तस्वीरें तुरंत मीडिया में छा गईं। *हिंदुस्तान टाइम्स* ने इन तस्वीरों के विवरण छाप दिए। पोस्टर में जगरूप रूपा और माणु कूस्सा और प्रियव्रत फौजी भी शामिल थे। चौथा संदिग्ध बठिंडा की परसराम कॉलोनी का हरकमला राणु था। राणु ग्यारह आपराधिक मामलों में वांछित था और एक बार पुलिस हिरासत से भाग भी चुका था।

पांचवां संदिग्ध मंजीत भोलू था। वह फौजी का करीबी सहयोगी था और काला जठेड़ी और राजू बासुदी गैंग से जुड़ा था। उसने लॉरेंस बिश्नोई के लिए भी काम किया था। सौरव महाकाल और संतोष जाघव छठे और सातवें संदिग्ध थे। दोनों टॉप निशानेबाज माने जाते थे। आठवां था राजस्थान सीकर का सुभाष बनूड़ा। वह कुख्यात आनंदपाल गिरोह से था जो राजस्थान के रेगिस्तानी इलाके में एक्टिव था और लॉरेंस बिश्नोई सिंडिकेट का हिस्सा था।

बाद की जांच से पता चला कि हत्या में आठ में से केवल तीन संदिग्ध फौजी, माणु और रूपा ही शामिल थे। बाकि पांच की भागीदारी साबित नहीं हो सकी।

'हम अपराध स्थल पर नहीं जा सके या शरीर और गोलियों की जांच नहीं कर सके। अपराध स्थल से हमारी दूरी के कारण हमें कई बाधाओं के साथ यह चुनौतीपूर्ण पता लगाना पड़ा। हम यह सुनिश्चित

करना चाहते थे कि हमारे प्रयास जांच एजेंसी के पूरक थे और हमारी कोई भी कार्रवाई किसी भी तरह से स्थानीय पुलिस के काम में हस्तक्षेप नहीं कर रही थी,' एचजीएस धालीवाल ने बताया, 'हमने सोशल मीडिया पर पोस्ट किए गए अपराध स्थल के वीडियो का विश्लेषण किया। तकनीकी जांच के आधार पर सबसे बड़ी सफलता तब मिली जब हमारी टीमों ने आठ संदिग्धों को शॉर्टलिस्ट किया। उनमें से तीन सही साबित हो गए और मामला सुलझ गया।'[3]

छह जून को पंजाब पुलिस ने एक महत्वपूर्ण गिरफ्तारी की। मूसेवाला के घर के सामने की दीवार के सीसीटीवी कैमरे ने कई प्रशंसकों और सेल्फी लेने वालों के चेहरे कैद किए थे। मूसेवाला की थार गेट से धीरे-धीरे सरकती हुई बाहर निकल रही थी। एक शख्स तस्वीर लेते हुए थार के आगे-आगे चलता नजर आया। वह शख्स संदीप उर्फ केकड़ा था। वह गोल्डी बराड़ के साथ वीडियो कॉल पर था जिससे उन्हें मूसेवाला की लाइव जानकारी मिल रही थी।

उसकी तस्वीरें प्रसारित की गईं। मुखबिरों और ग्रामीणों से पूछताछ की गई। एक मुखबिर ने बताया कि मूसेवाला की हत्या से पहले चार दिनों में उसने केकड़ा को कई बार देखा था। एक गवाह सुखपाल सिंह नंबरदार ने पुलिस की चार्जशीट में उल्लेख किया कि उसने केकड़ा को मूसा गांव के जरनैल सिंह के घर में देखा था। पुलिस को जल्द ही पता चला कि केकड़ा जरनैल सिंह की भाभी का बेटा था और वह हरियाणा के सिरसा के कालांवाली गांव में रहता था।

पुलिस ने बठिंडा और आसपास के इलाकों में उसके घर और अन्य संभावित ठिकानों पर छापेमारी की लेकिन केकड़ा बच निकला। इसी बीच एक मुखबिर ने उसे बठिंडा-डबवाली रोड पर गुरू काशी यूनिवर्सिटी के पास देखे जाने की सूचना दी। आखिरकार अधिकारियों ने उसे पकड़ ही लिया।

पुलिस मामले को सुलझाने के करीब पहुंच रही थी। केकड़ा की गिरफ्तारी से एक और परत खुली। इसी के पीछे हत्यारे छिपे थे। वह पुलिस के दबाव में टूट गया और उसने मान लिया कि उसने एक अन्य नशेड़ी बलदेव निक्कू के साथ मिलकर मूसेवाला के घर और उसकी गतिविधियों की टोह ली थी और गोल्डी बराड़ को इसकी जानकारी भेजी थी। पुलिस ने उसके पास से एक सिम कार्ड और एक इंटरनेट डोंगल बरामद किया। उस समय उसके पहने गए कपड़े भी सीसीटीवी रिकार्डिंग के जरिए मिल गए। इसके अलावा उसके फोन नंबर और कॉल डेटा रिकॉर्ड में उसकी मौजूदगी मूसेवाला फीड टावर पर थी। इससे उसकी क्राइम में हिस्सेदारी पर कोई संदेह नहीं रह गया था।

केकड़ा ने मूसेवाला की कार के आगे चलना मान लिया। पूछताछ के दौरान उसने कहा, 'यह कार नहीं बल्कि सड़क पर चलता-फिरता एक ताबूत था, मुझे बाद में इसका अहसास हुआ। मुझे नहीं पता था कि वे उसे मार डालेंगे। मैंने सोचा था कि वे उसे चेतावनी देंगे या उसे घायल कर देंगे या ज्यादा से ज्यादा उसकी हड्डियां तोड़ देंगे, लेकिन उसे इस तरह मार डालेंगे मुझे नहीं पता था, मुझे ड्रग्स के लिए पैसे की जरूरत थी। बड़े भाइयों (गैंगस्टरों) ने एक बार जेल में मेरी रक्षा की थी। मैं उनकी मदद करने के लिए तभी सहमत हुआ, जब मुझे दवाओं के लिए पैसे की जरूरत थी। मुझे बस अपनी खुराक चाहिए थी,' उसने एजीटीएफ अधिकारियों से कहा।

आखिरकार पंजाब में अधिकारियों ने मूसेवाला की हत्या की साजिश में सीधे तौर पर शामिल कम से कम 35 अपराधियों को पकड़ लिया। इसके अतिरिक्त ऐसा प्रतीत होता है कि लगभग 25 अन्य इस अपराध में अप्रत्यक्ष भागीदार भी थे।

पुलिस भी इस बात से हैरान थी कि कुल साठ लोगों में से चार विदेश में थे। इतने लोग अकेले सिद्धू मूसेवाला को मारने के लिए एक साथ आए थे।[4]

# 10

# शूटरों की गिरफ्तारी

संदिग्धों और सुरागों की एक ठोस सूची हाथ में आने के बाद पुलिस के लिए कार्रवाई करने का समय आ गया था। गैंगस्टरों का सिंडिकेट मजबूत था। ठिकाने कई थे। पुलिस को अब उस एक ढीले धागे की तलाश करनी थी जो पूरी साजिश का पर्दाफाश कर सके। ज्यादातर गैंगस्टर शराब, ड्रग्स और अय्याशी जैसी बुरी लतों के आदी होते हैं। लेकिन लॉरेंस बिश्नोई और उसके गिरोह के कुछ सदस्य ड्रग्स और महिलाओं से दूर रहने के लिए जाने जाते थे।

लेकिन इस मामले में शामिल शूटरों को इसका मलाल नहीं था। वे सभी नशीली दवाओं और शराब में डूबे हुए थे। छह में से कम से कम दो रूपा और माणु कूस्सा के मामले में चिट्टा था, जिसके बिना वे काम नहीं कर सकते थे। चिट्टे को इसके रंग के कारण इसका नाम चिट्टा दिया गया है। एक सफेद पाउडर जो पंजाब के युवाओं में नया क्रेज बन गया है। अफीम से प्राप्त और कई रसायनों से युक्त यह हेरोइन का एक मिलावटी विकल्प है। इस दवा के प्रसार और प्रभाव को लोकप्रिय हिंदी फिल्म *उड़ता पंजाब* में बखूबी दिखाया गया है। इस फिल्म में शाहिद कपूर और आलिया भट्ट थे। जिसमें *चिट्टा वे* नाम के एक गाने को भी शामिल किया गया था।

चिट्टे ने रूपा और माणु को भी प्रभावित किया था।[1] वे पंजाब से ज्यादा समय तक दूर नहीं रह सकते थे। दोनों नशीली दवाओं पर निर्भर थे और उन्हें इसे अपने लोकल सोर्स से नियमित रूप से लेने के लिए जाना ही पड़ता था। लेकिन उससे पहले ही शूटरों का सरगना प्रियव्रत फौजी पकड़ा गया। औरत फौजी की कमजोरी थी और वही उसके विनाश का कारण भी बनी। वह तेज रफ्तार जिंदगी चाहता था। इस हत्या की साजिश रचने से वह उत्साहित था। किसी की हत्या करने से उसे बहुत नाम मिलने वाला था। यह उसकी पहली दवा थी। फिर वहां औरतें भी थीं।

पुलिस अधिकारियों के मुताबिक मूसेवाला की हत्या से पहले के महीनों में फौजी की चार गर्लफ्रेंड्स थीं। जब वह उसे सौंपे गए काम की तैयारी में बिजी था तो वह उनसे मिलने में भी असमर्थ था। हत्या के बाद एक सप्ताह तक वह उनसे मिल भी नहीं सका था। उनसे बातचीत किए उसे काफी समय हो गया था इसलिए वह बहुत बेचैन था।

धालीवाल को पता था कि फौजी की आदत जल्द ही उस पर हावी हो जाएगी। स्पेशल सेल की टीमें पहले से ही फौजी से जुड़ी महिलाओं के फोन को ट्रैक कर रही थीं। पुलिस को ये नंबर खुफिया जानकारी और टावर डंप से फौजी के फोन के कॉल डेटा रिकॉर्ड से मिले थे।

फोन को ट्रैक करके विशेष सेल ने फौजी को कई महिलाओं से बात करते हुए पाया। लेकिन उसकी चौथी प्रेमिका को फौजी के सिर्फ उसके साथ ही रिश्ते होने का शक था।

घटना के बारे में पुलिस अधिकारी ने मुस्कुराते हुए कंधे उचकाते हुए बताते हैं, 'औरतों को बस पता चल जाता है।' कहा जाता है कि गर्लफ्रेंड ने फौजी के ठिकाने की जानकारी देने के लिए स्पेशल सेल से संपर्क किया। पुलिस ने भी उसकी पहचान गुप्त रखी।[2]

जब तक फौजी को अपनी गलती का अहसास हुआ तब तक बहुत देर हो चुकी थी। पुलिस ने उसे और एक अन्य शूटर कशिश उर्फ

कुलदीप को गुजरात के कच्छ जिले से पकड़ लिया। वे एक साथ भाग रहे थे।

बोलेरो मॉड्यूल के प्रमुख की गिरफ्तारी के बाद बाकि लोगों का पता लगाना आसान हो गया। जल्द ही अंकित को भी पकड़ लिया गया। फौजी और कशिश से पूछताछ के बाद पुलिस को उनके दूसरे ठिकानों और सहयोगियों का पता चला। पुलिस ने कई स्थानों पर छापेमारी की और गैंगस्टरों की मदद करने वालों का पता लगाया। पुलिस को पता चला कि अंकित सेरसा दिल्ली एनसीआर में छिपने की योजना बना रहा था और इसके लिए उसने अपने कुछ दोस्तों से कांटेक्ट भी किया था। उसको उम्मीद थी कि उसे कोई भी पहचान नहीं सकेगा। मगर मूसेवाला की हत्या के एक महीने बाद 4 जुलाई को उत्तरी दिल्ली से उसे गिरफ्तार कर लिया गया।

लेकिन रूपा, माणु कूस्सा और दीपक मुंडी अभी भी गायब थे। दूर-दूर तक उनका कोई निशान नहीं था। उनका कोई इलेक्ट्रॉनिक निशान भी नहीं था। अब 130 करोड़ भारतीयों में उसे तलाश करना आसान नहीं था। 'आखिर उसको तलाश करें तो कहां,' यह सवाल हर पुलिस अफसर की जुबान पर था।

# 11
# बोनी और क्लाइड की मुठभेड़

**20 जुलाई 2022**

यह बोनी और क्लाइड हैं। 'आगे बढ़ें,' पंजाब एजीटीएफ के डीएसपी बिक्रमजीत सिंह बराड़ ने स्पेशल आपरेशंज़ ग्रुप एसओजी को अपने वॉकी-टॉकी पर निर्देश दिए। बोनी और क्लाइड कुख्यात अमेरिकी आपराधिक जोड़े के नाम हैं। रूपा और माणु कूस्से को उन्हीं के कोड नाम दिए गए। रूपा और माणु जोड़ा नहीं थे लेकिन डीएसपी बराड़ के अनुसार जिस तरह से वे घटनास्थल से गायब हुए थे, पुलिस ने उनके लिए ये कोड नाम दे दिए थे। एसओजी का गठन 2018 में इजरायली कमांडो की तर्ज पर किया गया था।[1]

इसके लिए 2016 में पंजाब में दो आतंकवादी हमले कारण बने। पहला हमला गुरदासपुर में एक पुलिस स्टेशन पर और दूसरा पठानकोट वायु सेना अड्डे पर किया गया था। एसओजी को इजरायली अधिकारियों से प्रशिक्षित अधिकारियों से ट्रेनिंग दिलवाई गई थी। इजरायली बल की शैली को ध्यान में रखते हुए एसओजी को खुद और नागरिकों पर जीरो नुकसान के साथ असंभव लक्ष्यों पर हमला करना सिखाया जाता है।

बराड़ को सूचना मिली कि चार संदिग्धों का एक ग्रुप भकना गांव के बाहर की तरफ एक कोठी में हैं। यह कोठी पंजाब के तरनतारन जिले के गांव भकना कलां के बाहरी इलाके में धान के खेतों के बीच

मौजूद थी। यह गांव पाकिस्तान के साथ इंटरनेशनल बॉर्डर से महज 12 किलोमीटर दूर है। तरनतारन साहिब शहर की स्थापना पांचवें सिख गुरु श्री गुरु अर्जन देव ने सोलहवीं शताब्दी के अंत में की थी। शाब्दिक अर्थ तरनतारन का तात्पर्य समुद्र पार करने के लिए उपयोग की जाने वाली नाव से है। इस नाम की आध्यात्मिक व्याख्या आत्मा को भव सागर से पार करने के लिए इस्तेमाल की जाने वाली नाव से है। लेकिन पाकिस्तान की इंटर-सर्विसेज इंटेलिजेंस आईएसआई से जुड़े कई आपराधिक गिरोहों और सिख आतंकवादी ग्रुपों के लिए तरनतारन भारत से पड़ोसी देश में जाने का एक आसान रास्ता है। पाकिस्तान से सटी इंटरनेशनल सीमा पर 552 किलोमीटर तक फैली कंटीली तार एक बाधा के रूप में मौजूद है। लेकिन ये बाड़ तस्करी और अवैध सीमा पार करने वालों को रोकने में हमेशा सफल नहीं होती। कहीं न कहीं चूक रह ही जाती है। कड़ी सुरक्षा के बावजूद लोगों द्वारा प्रतिबंधित वस्तुओं की तस्करी करने या सीमा सुरक्षा बल के पास से निकलने के लिए सुरंग खोदने के कई मामले सामने आ चुके हैं।

डीएसपी बराड़ दो पुलिस गार्डों के साथ कोठी के प्रवेश द्वार की ओर बढ़े। जबकि एसओजी के लोग धान के खेतों से होते हुए घर के पीछे की ओर चले गए। सिद्धू मूसेवाला की हत्या को 52 दिन बीत चुके थे। इसके बावजूद मीडिया इस पर बारीकी से नजर रख रहा था। खबरें दर्शकों को लगातार अपडेट कर रही थीं।

दिल्ली पुलिस के स्पेशल सेल ने इस मामले में शामिल छह शूटरों में से फौजी, अंकित और केशव तीनों को गिरफ्तार कर लिया था। मगर पंजाब की एजीटीएफ को अब तक कोई बड़ी सफलता नहीं मिली थी। केवल छोटे खिलाड़ियों को ही गिरफ्तार किया जा सका था। जैसे जिसने मर्डर के लिए कार अरेंज की थी वगैरह-वगैरह।

बराड़ जानते थे कि उन्हें जल्द ही कुछ नतीजे दिखाने होंगे। एजीटीएफ के शीर्ष अधिकारी प्रमोद बान और एआईजी गुरमीत सिंह चौहान व्यक्तिगत तौर पर मामले की निगरानी कर रहे थे। आखिरकार

उन्हें 10 जुलाई को भकना कलां में संदिग्धों की गतिविधियों के बारे में एक विश्वसनीय जानकारी मिली।

ये दोनों शूटर कोरोला मॉड्यूल का हिस्सा थे। मूसेवाला की कार पर गोली चलाने के बाद रूपा और माणु कूस्सा चोरी की ऑल्टो से भागे थे। फिर वे अपराध स्थल के उत्तर-पश्चिम में बरनाला की तरफ गए थे। वे जानते थे कि पुलिस जल्द ही सतर्क हो जाएगी और सुरक्षा स्तर को बढ़ा दिया जाएगा। पुलिस की नाकाबंदी से बचने के लिए उन्होंने गांव के संपर्क मार्गों का सहारा लिया। रात नौ बजे तक वे रायकोट शहर तक पहुंचने के लिए लगभग 80 किलोमीटर की यात्रा कर चुके थे। इस दौरान वे एक अंतरराष्ट्रीय सिम कार्ड का उपयोग करके सिग्नल ऐप के माध्यम से गोल्डी बराड़ के संपर्क में थे। उनके पास बाकायदा एक इंटरनेट डोंगल था। माणु की चाची रायकोट में रहती थी। वो रात दोनों ने चाची के घर पर ही गुजारी।

अगले दिन उन्होंने ऑल्टो को मक्खू के पास छोड़ दिया। अब वे दूसरी कार से पहले मोगा पहुंचे। लेकिन फिर गोल्डी बराड़ से फोन पर कुछ निर्देश प्राप्त करने के बाद वापस मुड़े और हरिके बैराज की तरफ चल दिए। यहां लगभग 10 किलोमीटर ऊपर ब्यास नदी के साथ संगम के बाद सतलुज नदी का आकार बढ़ जाता है। यह वह जगह है जहां पानी को रोका जाता है।

इससे उत्तरी भारत में सबसे बड़ा मानव निर्मित हरिके वेटलैंड बनता है। इसके गहरे हिस्से में हरिके झील है। सिंधु जल संधि के तहत भारत का सतलुज ब्यास और रावी नदी का पानी भारत इस्तेमाल करता है। जबकि पाकिस्तान को चिनाब और झेलम के अलावा इंडस के पानी में से हिस्सा मिलता है।

इस दलदली जमीन को पंजाब में मंड कहा जाता है। यहां कुछ द्वीप और छोटे प्रायद्वीप हैं, जो इसे भगोड़ों के छिपने के लिए एक आदर्श जगह बनाते हैं। रूपा ने अपने अगले ठिकाने के लिए थोड़ा अलग द्वीप चुना था। दोनों नाव के माध्यम से वहां पहुंचे और रहने के

लिए एक झोपड़ी ढूंढ़ी। रूपा के नशे के केप्सूलों का भंडार खत्म होने से पहले वे लगभग दो सप्ताह तक इस द्वीप पर रहे थे।

डीएसपी बराड़ बताते हैं, 'यह नशे की ही जरूरत थी जिसने दोनों को बाहर निकलने पर मजबूर कर दिया। जब नशीली दवाओं की तलब लगती है तो ऐसा लगता है जैसे आंतों में कुछ जाले उग आए हैं जो अंदर ही अंदर जिस्म को निचोड़ रहे हैं। इन राक्षसों को शांत करने का तरीका होता है नशीला पदार्थ। तब आदमी का दिमाग काम नहीं करता। उसे एक ही बात याद रहती है ड्रग, ड्रग और ड्रग। आदमी को बहुत पसीना आने लगता है। आखिरकार रूपा को बाहर आना ही पड़ा।'

माणु कूस्सा भी नशीले पदार्थ लेता था लेकिन वह कैप्सूल और गोलियों का आदी था। ऐसी दवाएं आसानी से नहीं मिलती लेकिन वह प्रबंध कर ही लेता था। मुसीबत रूपा के साथ थी। वह चिट्टे के लिए बेताब था। उसके पास अपने सोर्स थे और वह अक्सर ड्रग लेने के लिए बाहर जाता था। वह अपने लिए और माणु के लिए सामान ले आता था।

'हम उनकी तलाश कर रहे थे लेकिन कहीं भी उनके निशान नहीं मिल रहे थे। फिर हमें रूपा की नशे की लत याद आई। हमने उस व्यापार में अपने मुखबिरों को एक्टिव कर दिया।' बराड़ बताते हैं, 'जल्दी ही सूचनाएं मिलनी शुरू हो गईं। पता चला जंडियाला में रूपा और माणु जैसे मिलते-जुलते लड़के देखे गए थे। मोगा जिले की एक दुकान के सीसीटीवी फुटेज में 10 जुलाई को दो संदिग्धों को बाइक पर सवार होते देखा गया था। वे तरनतारन की तरफ बढ़ रहे थे। पुलिस को उनकी आखरी सूचना अंतरराष्ट्रीय सीमा से 12 किलोमीटर दूर भकना कलां गांव से मिली थी, तो क्या दोनों पाकिस्तान भागने की योजना बना रहे थे।'

20 जुलाई की सुबह बराड़ को सूचना मिली कि दोनों लोग भकना कलां गांव के बाहर एक सुनसान घर में छिपे हो सकते हैं। तुरंत स्थानीय इकाई और एसओजी के लोगों को बुलाया गया।

इस तरह एजीटीएफ और एसओजी के सदस्य भकना कलां के धान से भरे खेतों में पहुंच गए। बराड़ ने वहीं से मेगाफोन पर रूपा और

माणु को आत्मसमर्पण करने के लिए कहा। जवाब में कोठी के अंदर से गोलियों की बौछार आ गई। बस इतना इशारा काफी था। पुलिस ने भी जवाब में बदमाशों पर गोलियां बरसाना शुरू कर दिया।

पुलिस और दोनों शूटरों के बीच करीब दो घंटे तक गोलीबारी चलती रही। रूपा और माणु घर की छत पर चढ़ गए। रूपा एक बीम पर बैठ गया और खेतों में होने वाली हर हरकत पर अपनी एके-47 से गोलीबारी करने लगा। इस आपाधापी में एक टीवी चैनल के मीडियाकर्मी को एक गोली भी लग गई।[2]

एसओजी ने निडर होकर कार्रवाई की। दोनों निशानेबाजों की ओर से लगातार गोलीबारी का सामना करने के बावजूद लगभग बीस लोग इमारत के करीब पहुंच ही गए। लेकिन दोनों स्पष्ट रूप से हार मानने को तैयार नहीं थे। देखते ही देखते चार घंटे बीत गए। लंबी मुठभेड़ से तंग आकर बराड़ ने छत पर मौजूद माणु को निशाना बनाने के लिए स्नाइपर्स को आदेश दिया। फिर उन्होंने एसओजी के शार्प शूटरों के एक ग्रुप को उस दीवार को तोड़ने का निर्देश दिया, जिसके पीछे से रूपा गोलीबारी कर रहा था।

एसओजी ने गैंगस्टर की सुरक्षा वाली दीवार पर लगातार गोलीबारी शुरू कर दी। एक मामूली दीवार इतनी भारी गोलीबारी के सामने कहां तक टिकती। वह दीवार गिरी और एक गोली रूपा को लग गई। इसकी थोड़ी ही देर में एक पुलिस के स्नाइपर ने माणु पर फायर खोल दिया। अंत में मूसेवाला के हत्यारे और भगवानपुरिया गैंग के खूंखार गैंगस्टर रूपा और माणु ढेर हो ही गए।

रूपा का बेजान शरीर सीढ़ियों के ऊपर बीम पर गिरा पड़ा था। उसके बगल में उसकी बंदूक पड़ी थी। यह तस्वीर खूब वायरल हुई। पुलिस अधिकारियों ने शवों के पास से दो मोबाइल फोन बरामद किए। प्रियव्रत फौजी और गिरफ्तार किए गए अन्य लोगों ने पहले ही खुलासा कर दिया था कि उनकी योजना पंजाब से भागने और कुछ समय के लिए गुजरात में छिपने के बाद फिर नेपाल पहुंचने की थी।

लेकिन रूपा को विश्वास था कि पंजाब में उसके ठिकाने उसे कुछ समय के लिए सुरक्षित रखेंगे। उसके बाद उसने अंतरराष्ट्रीय सीमा पार कर पाकिस्तान में घुसने की योजना बनाई थी। जहां गैंगस्टर से आतंकवादी बना रिंदा उसकी मदद कर सकता था। मगर अब यहां रूपा मरा पड़ा था। उसकी मौत पर किसी को कोई अफसोस नहीं था।

जब रूपा ने जीवन का आपराधिक रास्ता चुना तभी उसके परिवार ने उसे अस्वीकार कर दिया था। उनके माता-पिता सार्वजनिक रूप से उदासीन बने रहे और उन्होंने अपने मृत बेटे के प्रति कोई सहानुभूति नहीं जताई। उसकी मां पलविंदर कौर ने पंजाब में बढ़ती नशीली दवाओं के दुरुपयोग और बेरोजगारी के लिए सरकार को दोषी ठहराया। जिसके कारण कई युवाओं ने अपराध का जीवन चुना।

माणु की मौत के बाद भी लोग उसके लिए शोक मना रहे थे। कूस्सा गांव के लोग जहां वह अपने परिवार के साथ रहता था उस नरम दिल वाले बढ़ई को याद करते हैं जो हमेशा सभी से प्रेम से बात करता था। ऐसा तब हुआ जब परिस्थितियों ने उसे हमेशा के लिए बदल दिया।[3]

# 12
# मां

'वह दुनिया के लिए सिद्धू मूसेवाला हो सकता है, लेकिन मेरे लिए वह हमेशा गग्गू ही रहेगा,' चरण कौर बताती हैं, 'जब मैंने उसे पहली बार गोद में लिया था तो मैंने उसे यही कहा था। उसकी आवाज बहुत प्यारी थी। बेशक एक बच्चे की आवाज हर एक मां को हमेशा प्यारी ही लगती है। लेकिन जिसने भी शुभदीप को बोलते और गाते हुए सुना उसने उसकी तुलना उन भूले हुए खरबूजों से की जो कभी मूसा में बहुतायत में उगते थे। उसने कहा था उसका नाम और प्रसिद्धि सरदा यानि खरबूजे की खुशबू की तरह दूर-दूर तक फैल जाएगी।'

एक समय था जब मूसा के ग्रामीण बहुतायत में सरदा उगाते थे। न केवल स्थानीय स्तर पर बल्कि दिल्ली और मुंबई जैसे दूर-दराज के स्थानों में भी सरदा की अच्छी-खासी मांग होती है। मूसा के लिए खरबूजे वैसे ही थे जैसे नागपुर के लिए संतरे। इस फल को विभिन्न नामों से जाना जाता है। सरदा, शरदा, कछरे और स्थानीय लोकप्रिय नाम, चिब्बड्ड।

पंजाब कृषि विश्वविद्यालय पीएयू लुधियाना के प्रमुख कृषि अर्थशास्त्री डॉक्टर सुखपाल सिंह बताते हैं, 'शहरों के लोग इसे खरबूजा कहते हैं।'

मानसा जिले को कवर करने वाले *पंजाबी ट्रिब्यून* के पत्रकार जोगिंदर सिंह मान बताते हैं, 'उन्होंने इस फसल को फलते-फूलते देखा है। बड़े शहरों के व्यापारी खरबूजे के एडवांस सौदे के लिए उनके गांव आते रहते थे। मुंबई और गुजरात में तो मूसा के सरदा की हमेशा बहुत मांग रहती थी।'

शायद मूसा के सरदा की कुछ मिठास चरण कौर के जवान बेटे की आवाज में भी समा गई थी। लेकिन भूमि की प्रकृति बदल रही थी। एक बार प्रचुर मात्रा में उगाया जाने वाला यह फल पूरी तरह से गायब होने से पहले इस क्षेत्र में ही दुर्लभ हो गया था। मूसेवाला की प्रसिद्धि बढ़ रही थी और उस समय में उसके मूसा गांव के सरदा की तरह खत्म होने के बारे में कोई भी सोच नहीं सकता था।

उसके गीत अपने और अपनी जाति जट्टों के बारे में शेखी बघारने लगे थे। वह अक्सर अपने गीतों में अपने दुश्मनों को धमकाता और धार्मिक नेताओं की सहनशीलता की कमी के खिलाफ साहसिक बयान देता था। शायद ये जवानी का विद्रोह था। लेकिन मूसेवाला ने अपनी आवाज का इस्तेमाल उन सामाजिक, सांस्कृतिक या धार्मिक मानदंडों के बारे में बात करने के लिए करना शुरू कर दिया था जो उसे दमनकारी लगते थे।

उसका संगीत उसकी आजादी की पुकार बन गया था।

चरण कौर का उस पर हमेशा बड़ा प्रभाव रहा। मूसेवाला को बचपन में सिर में तेल लगाते और बालों में कंघी करते समय अपनी मां से गुरबानी सुनने की बहुत अच्छी यादें थीं।

पंजाबी एक्ट्रेस और टीवी होस्ट सोनम बाजवा के साथ एक इंटरव्यू में मूसेवाला ने कहा था, 'अब भी मेरी मां किसी बड़े शो से पहले मेरे बालों में कंघी करती हैं। यह एक ऐसा बंधन है जो हर मां और बेटे के बीच होता है या होना चाहिए।'[1]

14 मई 2020 को मूसेवाला ने *डियर मामा* गीत जारी करके अपनी मां को उनके जन्मदिन पर श्रद्धांजलि अर्पित की थी। गीत के प्रत्येक शब्द में उसका प्यार और प्रशंसा स्पष्ट है। इस गीत ने उस व्यक्ति के कोमल पक्ष को उजागर किया जिसका संपूर्ण सार्वजनिक व्यक्तित्व रौबदार मर्दानगी वाला था। गाने में मूसेवाला रैप करता है कि कैसे उसका स्वभाव गर्म है और सूरज की गरमी जैसा है। लेकिन बाकि समय में वह हल्की सुबह की तरह शांत रहता है। और जब वह ऐसा होता है तो वह बिल्कुल अपनी मां जैसा होता है। वह यह भी दर्शाता है कि कभी-कभी वह अपने पिता की तरह दुनिया पर क्रोधित भी होता है, लेकिन फिर उसका शांत और अधिक दयालु पक्ष प्रबल होता है। वह गाता है: *कदे सूरज वांगु...तेरे वरगा हां।*

कभी-कभी मैं सूरज की तरह जलता हूं
तो कभी-कभी मैं सुबह की तरह
शांत रहता हूं।
मां मुझे हमेशा लगता है
कि मैं बिल्कुल तेरे जैसा हूं

कभी अपने पिता की तरह
मुझे भी दुनिया पर गुस्सा आता है
लेकिन फिर हर बार तुम्हारी तरह
मुझे भी दुनिया पर तरस आता है

कुछ लोग कहते हैं मेरा चेहरा ऐसा है
कुछ कहते हैं वैसा है
लेकिन मेरा चेहरा बिल्कुल तेरे जैसा है।
मां मुझे हमेशा लगता है
कि मैं बिल्कुल तेरे जैसा हूं।

मूसेवाला के अंतिम संस्कार के दो दिन बाद चरण कौर ने अपने बेटे की राख को एक कलश में रखा। दुखी मां को खुद से दोहराते हुए सुना जा सकता है, 'तुमने मेरे बेटे को एक मुठ्ठी भर राख में बदल दिया। तुम्हें क्या लगता है तुम्हें चैन की नींद मिलेगी?'

बाद में चरण कौर उस स्थान पर बने स्मारक पर विभिन्न वीडियो में नजर आती हैं, जहां उसके लाल का अंतिम संस्कार हुआ था, 'मेरा बेटा एक इंजीनियर था। एक गायक के रूप में ख्याति अर्जित करने से पहले वह जहां भी चाहता बस सकता था। उसने अपने गांव में बसने के लिए कनाडा को ठुकरा दिया था। क्योंकि वह अपनी जड़ों का सम्मान करता था। वह अपने माता-पिता से प्यार करता था। धरती मां से प्यार करता था। किसी दिन वह फिर लौटेगा और जरूर लौटेगा उन्हें यकीन है।'[2]

# 13

# एक इंसान और एक कलाकार

दुनिया जिस तरह से सिद्धू मूसेवाला को जानती थी वह शुभदीप से बहुत अलग था। यह बात केवल उसके करीबी दोस्त और परिवार के लोग ही जानते थे। गायक अमृत मान जो अक्सर उसके साथ गीत लिखते थे और उसके फाइनांस मैनेजर बंटी बैंस के अनुसार दोनों व्यक्तित्व इतने भिन्न थे कि यह दो विपरीत लोगों को जानने-समझने जैसा था। मान और बैंस ने मूसेवाला के साथ मिलकर बहुत काम किया। दोनों ने उसे उद्योग के अधिकांश अन्य लोगों की तुलना में बेहतर समझा।

'हम सभी का सार्वजनिक और निजी जीवन अलग है, लेकिन सिद्धू के लिए दोनों व्यक्तित्व हमारे ग्रह के विरोधी ध्रुवों की तरह थे। कैमरे के सामने जो देखा वह सिंगर था। असली आदमी केवल निजी तौर पर सामने आया।' बैंस बताते हैं, 'अपने गानों और वीडियो में अपने मजबूत, मर्दाना, बंदूक लहराने वाले व्यक्तित्व के विपरीत सिद्धू वास्तव में बहुत शर्मीला था। ये बात लोगों के सामने शायद ही कभी खुले। वह धीरे और मीठा बोलता था। शायद ही उसकी आवाज में कभी ऊंचाई रही हो। ज़्यादातर वह अपना सिर झुकाकर और आंखें नीची करके बात करता था। लेकिन फिर बातचीत के बीच में वह एक बात कहने के लिए ही अपना सिर उठाता था और उस पल में ही आप उसके मन और आत्मा में झांक सकते थे।'

'मैंने मूसेवाला का पहला गाना *जी वैगन* तब सुना जब मैं नई दिल्ली अंतरराष्ट्रीय हवाई अड्डे पर उड़ान भरने का इंतजार कर रहा था। गाने ने मुझ पर जैसे जादू कर दिया था। बाद में कनाडा में मैंने मूसेवाला को देखा और उससे हाथ मिलाया। मैंने कहा, आप बहुत शानदार गाते भी हैं और लिखते भी लाजवाब हैं। आपके पास एक चिंगारी है। इसे बरकरार रखें। कौन जानता था कि पांच साल बाद मैं उसे राख के एक घड़े में ढूंढ़ने की कोशिश करूंगा। उसकी पत्थर की बेजान मूर्ति को गले लगाऊंगा।'

मूसेवाला को अपने करीबी दोस्त बहुत अजीज थे, उसकी *जान* थे, जिंदगी थे। बैंस को याद आता कि कैसे वह एक बार वह उनसे एक गाने के बोल पर चर्चा कर रहे थे। उन्होंने एक सुझाव दिया। इस पर मूसेवाला ने जवाब दिया, 'ठीक है *जान*' बैंस ने कहा, 'मैंने उसकी मासूमियत पर ध्यान दिया। बाद में उसने बैंस को यह स्पष्ट करने के लिए बुलाया कि वह अपने करीबी दोस्तों को इसी तरह संबोधित करता था। हमने अभी साथ मिलकर काम करना शुरू किया ही था, मगर उसके संबोधन का तरीका लोगों के बीच लोकप्रिय हो गया।

'संगीत बिरादरी में और हम कभी-कभी एक-दूसरे को *जान* कहकर संबोधित करते थे। इस शब्द ने हमारे बंधन को मजबूत कर दिया था। कुछ लोग प्यार से सिद्धू को ज्ञानी भी कहते थे। पगड़ीधारी सिख को ज्ञानी कहा जाता है।

'विडंबना यह है कि हत्यारों ने अपनी कूटनीतिक बातचीत में सिद्धू के लिए इसी नाम का इस्तेमाल किया था।'

एक बच्चे के रूप में शुभदीप को उसकी मधुर आवाज के लिए जाना जाता था। उसने सार्वजनिक रूप से अपना पहला गाना केवल ग्यारह वर्ष की उम्र में गाया था। यह एक धार्मिक गीत था जो उसने एक स्कूल समारोह में गाया था।

उसके चचेरे भाई अर्शदीप सिंह अहमदगढ़ के एक सरकारी स्कूल में पीटीआई थे। अपने सांझा बचपन के दिनों को याद करते हुए अर्श ने बताया, 'शुभ और मैं सर्वहितकारी विद्या मंदिर मानसा में पढ़ते थे। मैं उससे एक साल सीनियर था। शुभ हर दिन कई किलोमीटर की दूरी तय कर के स्कूल आता-जाता था। एक स्कूल वैन छात्रों को लेने और छोड़ने के लिए गांव जाती थी, लेकिन शुभ के पिता के पास इसका भुगतान करने के लिए पैसे नहीं थे। इसलिए शुभदीप हर तरह के मौसम में साइकिल से स्कूल आता-जाता था।

वह अपने उन दिनों को कभी भुला नहीं सका था। इसीलिए वह गांव में एक सीनियर स्कूल एक अस्पताल और एक स्टेडियम बनवाना चाहता था। शुभ स्कूल की भंगड़ा टीम का हिस्सा और कबड्डी टीम का कप्तान था। अर्शदीप का भाई सुखमनदीप सिंह भी कबड्डी टीम के सदस्य था। चचेरा भाई बहुत करीब था, 'बाद में मेरा भाई कैलगरी कनाडा में बस गया। मूसेवाला के कत्ल वाले मई महीने के मध्य में मेरी शादी हुई तो शुभदीप और मेरे भाई ने एक साथ डांस किया। हम सभी के लिए ये पल बेहद खास थे।

'हत्या से चार दिन पहले 25 मई की रात को हम सभी ने एक साथ खाना खाया। अगले दिन मेरा भाई कनाडा चला गया और शुभदीप ने उससे जल्द ही मिलने का वादा किया। जून में कैलगरी में उसका एक शो था। मगर वह दिन कभी नहीं आया। शुभदीप की मौत की खबर सुनने के बाद मेरा भाई डिप्रेशन में चला गया और उसने खुद को अपने कमरे में बंद कर लिया। नौ दिन बाद दिल का दौरा पड़ने से उसकी भी मौत हो गई।'

शुभदीप को अपनी शिक्षा पर गर्व था। वह अपने गांव के उन चंद लोगों में एक था जिनके पास इंजीनियरिंग की डिग्री थी।[1]

'मैंने अपने माता-पिता को मेरे लिए कड़ी मेहनत करते देखा है। उन्हें चिंता है कि और लड़कों की तरह मैं भी किसी तरह से ड्रग या

किसी गैर कानूनी धंधों के चक्कर में शामिल न हो जाऊं, लेकिन मैं नाम कमाने के लिए प्रतिबद्ध था। इसलिए मैंने इंजीनियरिंग की कोशिश की और अच्छे अंक हासिल किए। देश के सर्वश्रेष्ठ कॉलेजों में से एक जीएनई लुधियाना यानि गुरु नानक देव इंजीनियरिंग कॉलेज में सीट हासिल की। इंजीनियरिंग का मकसद रोजी-रोटी कमाना था। लेकिन संगीत मेरी आत्मा का भोजन था। इसीलिए जब मैं लुधियाना में था तो मैंने फिर से संगीत में हाथ आजमाया,' वह अक्सर यह बात दोहराता था।

ऐसा लगता है कि शुभदीप का गायन के प्रति जुनून असल में इंजीनियरिंग की पढ़ाई के दौरान ही शुरू हुआ। उसने संगीत शिक्षक हरविंदर बिट्टू से सीखना शुरू किया। उनका औद्योगिक शहर लुधियाना में बस स्टैंड के पास एक संगीत स्कूल था।

बिट्टू बताते हैं, 'सिद्धू पहली बार 2014 में उनके पास आया था। उन दिनों वह अपने इंजीनियरिंग के तीसरे साल में था। वह ऐसा था जिसे हम स्थानीय भाषा में *शरीफ जेहा मुंडा* कहते हैं। एक शर्मीला, विनम्र और अच्छे व्यवहार वाला लड़का। वह शायद ही कभी ज्यादा बात करता हो, बस एक-दो शब्द इधर-उधर। बाद में मैं उसके गीतों और मंच प्रदर्शनों में उसकी आक्रामकता से आश्चर्यचकित रह गया। वह कोई और ही था। जो संगीत सीखने आया था वह पंजाब के एक पिछड़े इलाके के एक गांव का शुभदीप सिंह था। ऐसा लगता था कि वह शहरी प्रतिस्पर्धी दुनिया में बहुत आश्वस्त नहीं था। लेकिन लोग बदल जाते हैं। सोच बदल जाती है और आपकी संगति भी बदल जाती है। उन म्यूजिक वीडियो में मैंने जिसे देखा वह शुभदीप नहीं था। वह सिद्धू मूसेवाला था।'

जब वह उनसे पहली बार मिला तो बिट्टू को उसकी आवाज़ पसंद आई लेकिन वह उन्हें कच्चा लगा। उसमें एक मासूम ताजगी थी जो शिक्षकों को पसंद होती है। क्योंकि वे गायक को आकार दे सकते हैं। बिट्टू ने कहा, 'सिद्धू ने स्कूल में गायन, हारमोनियम और तुम्बी सीखी। वह बहुत उत्सुक और मेहनती था। मगर कोई आपको गायक

नहीं बना सकता। कोई भी आपको आवाज और नियंत्रण उपहार में नहीं दे सकता। परंतु संगीत अपने आप आपके पास आता है। आप इसे प्रयोगशाला में नहीं सीख सकते। और फिर संगीत ने उसे ढूंढ़ ही लिया। असली बदलाव तब आया जब वो कनाडा गया। वह तब एक अलग इंसान था। एक स्टार था।'

बिट्टू याद करते हैं कि शुभदीप ने अपना पहला गीत *लाइसेंस* संगीत विद्यालय में रहते हुए लिखा था। 'उसने लगभग एक साल तक प्रशिक्षण लिया। एक बार जब वह आश्वस्त हो गया तो वह अपने गाने खुद गाना चाहता था। हमें एक गीत लिखने वाला मिला और उसके साथ कुछ सैशन किए। परंतु लेखक ने आश्वासन के बावजूद गाने नहीं दिए। एक गीतकार ने सिद्धू से वादा किया था कि वह उसके लिए लिखेगा, लेकिन उसने ऐसा नहीं किया। वह आदमी अब जवाब नहीं दे रहा था।

'गाने की निर्धारित रिकॉर्डिंग से एक दिन पहले सिद्धू लुधियाना के एक गांव में उस व्यक्ति के घर गया तो देर शाम हो चुकी थी और बारिश भी हो रही थी। जब सिद्धू उसके घर पहुंचा तो लेखक ने गाने के लिए पैसे मांगे। '"मेरे पास भुगतान करने के लिए कोई पैसा नहीं है। मैं तो उधार के पेट्रोल पर अपनी बाइक से आपके घर तक आया हूं," सिद्धू ने उससे कहा। वो वापस आया और उसने ऐलान किया कि वह अपने गाने खुद लिखेगा।'

ये था हमारा सिद्धू। वह चीजों से घबराता नहीं था। बाद में जब उसे पता चला कि उसके पार्टनर उसे बराबर का भुगतान नहीं करेंगे तो उसने अपना ही संगीत लेबल शुरू कर दिया। अब जब शुभदीप ने अपना गीत लिखने का फैसला कर लिया तो उसे एक अच्छे सब्जेक्ट की जरूरत थी। उसके दोस्तों और उसके शिक्षक के साथ बातचीत से सुनाम के शहीद उधम सिंह की कहानी सामने आई। जो मूसेवाला के गृह जिले मानसा से बहुत दूर नहीं था।

13 अप्रैल 1919 को हुए जलियांवाला बाग हत्याकांड का बदला लेने के लिए उधम सिंह ने ब्रिटिश शासन के दौरान पंजाब के पूर्व

उपराज्यपाल जनरल माइकल ओ डायर की 13 मार्च 1940 को लंदन में हत्या कर दी थी। बिट्टू ने शुभदीप को अपना ध्यान इस पर फोकस करने की सलाह दी। विषय यह था कि उधम सिंह ने आखिरकार अपना बदला लेने के लिए बीस वर्षों से अधिक समय तक इंतजार किया था। कहानी सुनकर मूसेवाला की आंखें चमक उठीं और उसने कहा, 'यह आश्चर्यजनक है कि उसने बदले की भावना को इतने लंबे समय तक जिंदा रखा, लेकिन मुझे आश्चर्य है कि उसे इंग्लैंड में बंदूक रखने का लाइसेंस कैसे मिला।' बिट्टू ने हंसते हुए कहा, 'जब आप जानते हैं कि आपका मिशन आपके लिए निश्चित मृत्यु के साथ समाप्त होगा तो लाइसेंस की जरूरत किसे हो सकती है?'

ऐसा लगता है कि वे शब्द शुभदीप के साथ गूंज गए और उसने *लाइसेंस* गीत लिखा जो जून 2016 में रिलीज हुआ। पंजाबी गायक निंजा ने इसे गाया था। इसे स्पीड रिकॉर्ड्स ने जारी किया था। इसमें कहा गया:

*जिन्हें चकणा... लाइसेंस नहियो लैंदे।*

दुश्मन को मारने के लिए
बहादुरों को गन लाइसेंस की
जरूरत नहीं होती।

अपने पहले गाने के जरिए शुभदीप जैसे एक बयान दे रहा था। बिट्टू के अनुसार मूसेवाला अपने गीतों के माध्यम से मंच पर जैसे अपने आने की घोषणा करना चाहता था। वह चाहता था कि लोग उसे नोटिस करें। कभी-कभी छोटे शहरों और अनजान गांवों के लोग यह बताने के लिए कि वे भी हैं या वे भी मायने रखते हैं या फिर वे भी कुछ हैं को साबित करने के लिए सब हदें पार कर देते हैं। मुझे लगता है कि सिद्धू दुनिया को बस यह बताना चाहता थे कि वह भी कोई है, कुछ है। उसने और उसके परिवार ने कड़ी मेहनत की है। जो ज्यादातर परिवार किसी न किसी तरह से करते ही हैं। वह बताना चाहता था कि वह भी साधारण पृष्ठभूमि से उठा था।

अपने बाद के गीतों में भी मूसेवाला ने ऐतिहासिक पात्रों, स्थानीय रॉबिन हुडों, गैंगस्टरों, आतंकवादियों और उग्रवादियों के बारे में गाया। बिट्टू ने ऐतिहासिक और लोक कथाओं दोनों में विद्रोहियों और नायकों के प्रति उसका आकर्षण देखा था। वक्त के साथ *कलाकार* बदल जाते हैं। वे गैलरी के लिए खेलते हैं।

बाद में उसे बाजार के बारे में पता चला। मुझे लगता है कि बाजार की मांग ने उसे बदल दिया या शायद यह एक अलग तरह की शुरुआत थी।

साथ ही आपको इस बात पर ध्यान देना होगा कि कई सिंगर पंजाबी बोली और मुहावरों को अपनी कला में या गीतों में या फिर कहानियों में जिंदा रहने के लिए जी तोड़ मेहनत करते हैं। मूसेवाला ने भी यही किया। यह सच है कि लोग मूसेवाला की इसी पंजाबियत ब्रांड को पसंद करते थे। मर्दाना बहादुरी, बंदूकें, तेज कारें और निडर होकर अपने दुश्मनों से मुकाबला करने का साहस। इसी एक पहलू ने सिद्धू को अपने व्यक्तित्व के उस हिस्से को निभाने के लिए प्रेरित किया।

बिट्टू को लगता है कि अगर मूसेवाला ने अपने शिक्षकों और पुराने दोस्तों को पास रखा होता तो बेहतर होता।

मैं समझता हूं कि वह व्यस्त था, इसीलिए वह बहुत जल्दी अलग-अलग स्तरों पर पहुंच गया। लेकिन आपके पहले शिक्षक और दोस्त आपको जमीन से जोड़े रखते हैं। पेशेवर दोस्तों के विपरीत यदि आप गलत हैं तो वे आपको आपके मुंह पर ही बता भी देते हैं।

लेकिन ऐसा भी नहीं था कि मूसेवाला अपने दोस्तों और संगीत गुरु को भूल गया था, हां 2018 तक उसने कई साक्षात्कारों में मेरा उल्लेख किया। बाद में वह व्यस्त हो गया और मुझे लगता है कि मीडिया भी चाहता था कि वह अपनी यात्रा के बजाय विवादों और संगीत के बारे में बात करे। मैंने उसे आखरी बार दिसंबर 2016 में अपने जन्मदिन पर व्यक्तिगत रूप से देखा था। उसके बाद वह कनाडा चला गया। मेरा मानना है कि कनाडा में उसके व्यक्तित्व के साथ कुछ बड़ा घटित हुआ। पंजाबी में हमारे पास *मंडीर* नाम का एक शब्द है।

जिसका अर्थ है युवाओं का एक ऐसा ग्रुप जो कानून की ज्यादा परवाह नहीं करता। पंजाब में *मंडीर* पश्चिमी देशों के हुड की तरह हैं। मूसेवाला *मंडीर* का हिस्सा बन गया था। मैंने सुना है कि कनाडा में उसके और उसके दोस्तों के बीच कुछ लड़ाई या विवाद हुआ था, जिसके कारण उसे वापस आना पड़ा।

मूसेवाला की कनाडा से अपने छोटे से गांव में वापसी की चर्चा अक्सर मीडिया साक्षात्कारों में होती थी। उसने और उसके माता-पिता ने उसे उसकी जड़ों की ओर लौटने के बारे में बताया था।

'मैंने कनाडा का स्थायी निवास स्वीकार नहीं किया। मैं उस गांव के लिए कुछ करना चाहता था जहां मैं पैदा हुआ था। मैं दुनिया को बताना चाहता था कि अगर कोई बहुत पैसे वाला हो जाए या बहुत तरक्की कर ले तब भी वह अपने गांव में रह सकता है। अपना विकास कर सकता है। जब मैं लड़कों में कनाडा, यूके या विदेशों में बसने की अंधी चाहत की तरफ देखता हूं तो मैं चाहता हूं कि वे मेरी ओर देखें और विश्वास करें कि भारत में, अपने माता-पिता, अपनी जिम्मेदारियों और अपनी जड़ों के करीब रह कर भी सब कुछ संभव है,' वह अक्सर दोस्तों को राय देता।[2]

हालांकि एक और कारण भी था। कनाडाई पुलिस द्वारा इन झड़पों के कारण मूसेवाला के शो पर प्रतिबंध लगाने के तुरंत बाद उसने कनाडा छोड़ दिया।[3]

चंडीगढ़ स्थित वास्तुकार रघुराज जिन्होंने मूसा गांव में मूसेवाला की हवेली का डिज़ाइन और निर्माण किया था, पंजाबी वास्तुकला पर मूसेवाला के आग्रह को याद करते हैं। वह अपने माता-पिता के साथ दो कमरे के घर में रहता था। जैसे-जैसे उसके फॉलोअर्स बढ़ते गए वैसे-वैसे उसके घर आने वाली सड़क और घर छोटे पड़ने लगे। फिर उसने गांव के बाहरी इलाके में एक हवेली बनाने का फैसला किया। लेकिन वह नहीं चाहता था कि वो आधुनिक हो।

रघुराज बताते हैं शुभ पंजाबी-सह-राजस्थानी डिजाइन वाली ऊंची दीवारें और पीतल के साथ भारी सागौन की लकड़ी से बने

हाथी के आकार के दरवाजे चाहता था। लेकिन उसका इंटीरियर एक पंजाबी हवेली की तरह डिजाइन किया गया था। पीछे बैठक थी जिसके दोनों ओर एक बड़े आंगन की ओर ड्राइंग रूम और रसोई थी। खुले बरामदे में शुभदीप और उसके पिता अक्सर एक खाट पर लेट कर बातें करते या आराम करते। वह इसके साथ पंजाबी हवेली वास्तुकला को लोकप्रिय बनाना चाहता था।

'अगर मैं लड़कों को उनके गांवों और खेती की तरफ वापस लाने और पंजाबी भाषा पर गर्व करने के लिए प्रेरित करने की कोशिश सकता हूं तो एक आधुनिक घर कैसे बना सकता हूं,' उसने तर्क दिया था।

---

कॉलेज में शुभदीप के शिक्षक प्रोफेसर खुशदीप सिंह उसे सबसे शर्मीले छात्र के रूप में याद करते हैं। छात्रों के लिए मौखिक परीक्षा में छूट के लिए शिक्षकों के पास जाना आम बात होती है। लेकिन शुभदीप इसके लिए कभी मेरे पास नहीं आया। बेशक आप यह नहीं कह सकते कि वह डरपोक या कम आत्मविश्वास वाला था। लेकिन वह विनम्र था और कभी भी किसी लड़ाई, बहस या दुर्व्यवहार में शामिल नहीं हुआ जो कॉलेज के छात्रों के बीच बहुत आम बात होती है।

*अजीत* अखबार के पत्रकार जगरूप सिंह जरखड़ कॉलेज के एक वार्षिक समारोह में मौजूद थे। उन्होंने मूसेवाला को गाते हुए सुना। उसने *यमला जट* का एक गाना गाया। जगरूप ने कहा, 'वह ठीक-ठाक सा था। यह उतना उल्लेखनीय नहीं था कि छात्र उससे और अधिक गाने के लिए कहते। लेकिन बाद में जब हमने उसे म्यूजिक वीडियो में देखा तो वह एक प्रोफेशनल सिंगर बन चुका था,' जगरूप ने कहा।

प्रोफेसर सिंह का एक बेटा अमेरिका में पढ़ता था जिसने बाद में उन्हें नए मूसेवाला से मिलवाया, 'मेरा बेटा मुझे बताता रहा था कि एक नया पंजाबी सिंगर आया है जिसके लिए लड़के लड़कियां पागल हैं। एक साक्षात्कार में मूसेवाला ने कहा था कि उसने जीएनई कॉलेज में पढ़ाई की थी।'

प्रोफेसर सिंह ने कहा कि जब उन्होंने शुभदीप को सिद्धू मूसेवाला के अवतार में देखा तो वह आश्चर्यचकित रह गए। 'वह शर्मीला, विनम्र आदमी बंदूकें लहरा रहा था। चुनौतियां दे रहा था। विरोधी उसके आसपास घूम रहे थे। यहां तक कि वह सोशल मीडिया और साक्षात्कारों में अपने तथाकथित दुश्मनों के साथ जुबानी जंग लड़ रहा था। वह वो शुभदीप नहीं था जिसे हम जानते थे। कनाडा ने उसे बदल दिया था। ऐसा लग रहा था कि उसमें एक नई चेतना आ गई थी।'

रेडियो पत्रकार और पंजाबी टॉक शो होस्ट परमिंदर सिंह ने अपने एक कार्यक्रम में कहा कि अपने गीतों के माध्यम से सिद्धू मूसेवाला ब्रैम्पटन में सिख प्रवासियों और उनकी पहचान पर चर्चा करता था। 'उसका गाना *बी-टाउन* उस जगह के लिए एक श्रद्धांजलि है जहां सिख प्रवासियों जैसे विनम्र पृष्ठभूमि के कई लोगों ने अपनी छाप छोड़ी है। इस पहचान के बारे में उसके गीत युवाओं को बहुत पसंद आए थे।'

परमिंदर ने कनाडा में मूसेवाला के समय के बारे में भी बात की। उन्होंने कनाडा में अपना करियर शुरू किया। वह अद्‌भुत प्रदर्शन कर रहा था। कनाडा आने वाले लोगों के लिए यह ऐसा था, जैसे उन्होंने उसे बनाया था और वह यहीं बसने जा रहा था। परमिंदर बताते हैं इसका अर्थ है कि मूसेवाला के गाने प्रवासी पंजाबियों के लिए धैर्य और दृढ़ संकल्प का प्रतीक बन गए थे।

राजनीति विज्ञान के प्रख्यात प्रोफेसर और स्तंभकार रौणकी राम ने *आउटलुक* पत्रिका में लिखा, 'जब उससे पूछा गया कि मंच पर गरजने के बावजूद साक्षात्कार कर्ताओं के साथ बातचीत करते समय वह अपनी आंखें नीचे क्यों रखता था, तो उसका जवाब होता था, 'मेरे व्यक्तिगत और सामाजिक जीवन में मैं ऐसा ही हूं। मंच पर मुझे पेशेवर रूप से गैलरी में खेलने की जरूरत है।' ऐसे निहित गुणों के कारण ही मूसेवाला जाति, वर्ग, पंथ और क्षेत्रीय सीमाओं के पार एक मिसाल बन गया।'[4]

मूसेवाला के साथ मिलकर काम करने वाले अमृत मान बताते हैं, 'मूसेवाला और उसके गीतों को समझने के प्रयास जारी रहेंगे। जब हम रचना करते थे और गाते थे तो हम गीत के अर्थ के बारे में सलाह मश्विरा करते थे। मगर बहुत ज्यादा नहीं। मूसेवाला के संगीत के बारे में अक्सर सोचते थे कि ये गीत आखिर लाता कहां से है। अब जब वह हमें छोड़ कर चला गया तो मुझे उसके गाने कुछ-कुछ समझ आने लगे हैं। आखिर वो गा क्या रहा था।'[5]

अब जब वह हमारे बीच में नहीं है तो मुझे उसकी कुछ बातें समझ आ रही हैं। अब उसके बोल संकेत देते हैं कि वह क्या गा रहा था।

'मूसेवाला के काम और संगीत में मृत्यु एक निरंतर विषय थी। बंबीहा बोले गाने के बोल देखें, *लई फिरदा... फेरे ...* / जब मैंने उसकी चिता पर दुल्हे का सेहरा उसके सिर पर देखा तो मुझे वह पंक्ति याद आ गई। वास्तव में उसने बहुत छोटी सी उम्र में ही मौत से शादी कर ली। मुझे आश्चर्य होता है कि वह आदमी आखिर था कौन,' मान एक इंटरव्यू में बताते हैं।

'*द लास्ट राइड* गाने के बारे में कौन सोच सकता था, जवानी में ताबूतों की बात कौन करता है, मुझे आश्चर्य है कि जब उसने ये गीत लिखे और गाए तो वह जागरूकता के किस क्षेत्र में था। मुझे याद है कि चाचा और चाची (सिद्धू के माता-पिता) खासकर उसकी मां गीत के बोल पर आपत्ति जताते थे।' मान ने याद किया।

क्या वह सचमुच जानता था कि वह कम उम्र में ही मर जाएगा। मान कहते हैं, 'यह बहुत अंदर से आने वाली बात थी। शायद कुछ विकसित आत्माएं अपना भविष्य जानती हैं। उसके अंदर वह कौन सी शक्ति थी जिसने उसके हमें छोड़ने से कुछ दिन पहले यह गाना रिलीज़ करवाया। उसके भीतर या इस ब्रह्मांड में कोई सम्मोहक ऊर्जा होनी चाहिए, जिसने उसे मृत्यु के बारे में बात करने के लिए प्रेरित किया।' अब कई लोग कहते हैं कि मूसेवाला को अपने अंत के बारे में पता था।

'हां। गाने यही कहते हैं। हां, उसकी मौत के बाद हमें यही अहसास हुआ है।' मान की आवाज धीमी हो गई और वह दूर की ओर देखते रहे। मूसेवाला सारे उत्तर अपने साथ ले गया था।

## 14

# मूसेवाला का जीवन और गीत

मूसेवाला को जानने के लिए उसके गानों को जानना जरूरी है। गीतों के बोल ईमानदार हैं और कुछ भी नहीं छिपाते। गीतों के माध्यम से वास्तविक जीवन में उस शर्मीले सिंगर ने खुद को अभिव्यक्त किया है।

'मैं अपने गीत अपने अनुभवों के आधार पर लिखता हूं। जब मैं इस तरह के लाइव प्रोग्राम में कोई गाना गाता हूं, तो मेरे दिमाग में उस समय या परिस्थितियों के बारे में एक रील चल रही होती है। जब मैंने उन विशेष पंक्तियों को लिखा था, जैसे मैंने अभी-अभी *लीजेंड* गाया है और आप इसे सुनते समय कुछ सोचते हैं। लेकिन मेरे दिमाग में उस समय की रील पृष्ठभूमि में चलती है जब मैंने इसे लिखा और कंपोज़ किया था।'[1]

धौलाधार पहाड़ियों की तलहटी में पंजाब का एक जिला है होशियारपुर। इस जिले के गांव बाओली भंडारी के सालाना मेले की बहुत मान्यता है। यह मेला पंजाब के सबसे उल्लेखनीय पारंपरिक मेलों में एक है। इस मेले में आयोजित एक कार्यक्रम के दौरान मूसेवाला ने मंच पर दिल से बातें की। इससे भी महत्वपूर्ण बात यह थी कि उसने जनता की मांग पर गाने के प्रदर्शन के बीच अपने दिल से बात की। उसने संकेत दिया कि कैसे उसके दुश्मनों ने उसे नीचा दिखाने की

कोशिश की। मूसेवाला ने कहा, 'उन लोगों का सोचना गलत था कि वो सफल हो गए थे।'

हालांकि उसके गीत व्याख्या के लिए खुले हैं। लेकिन शायद कोई भी कभी भी उनका सही अर्थ समझाने में सक्षम नहीं होगा। उसकी मौत के बाद इस बसंत मेले के मंच पर उसके कहे शब्दों का कई बार विश्लेषण, व्याख्या और पुर्नव्याख्या की गई।

कार्यक्रम के मुख्य आयोजक के रूप में परमिंदर बरियाना ने स्टेज से मूसेवाला का लाइव शो देखा। 'हजारों लोग जिनमें मैं भी शामिल था उसकी प्रशंसा में चिल्ला रहे थे। गा रहे थे और उसके साथ हंस रहे थे। परमिंदर ने याद किया कि हम स्टेज पर आर्केस्ट्रा के पीछे खड़े थे और हमें ऐसा लग रहा था कि मूसेवाला सिर्फ गा ही नहीं रहा था बल्कि अपनी जिंदगी की रील चला रहा था। केवल अब उसकी नृशंस हत्या के बाद हमें अहसास हुआ कि उसके दिमाग में क्या चल रहा होगा। उस गाने का वीडियो कई बार साझा किया गया। मूसेवाला ने उस दिन कई संकेत दिए थे कि कैसे उसे परेशान किया गया।'

जिस गाने के दौरान उसने मंच पर हंगामा शुरू किया उसका नाम *हथ्यार* है। इसे जुलाई 2019 में द किड म्यूजिक लेबल के तहत रिलीज़ किया गया था। अब तक इसे 50 मिलियन से अधिक बार देखा जा चुका है। यह अगस्त 2019 में दुनिया भर में रिलीज़ हुए एल्बम *सिकंदर टू* का हिस्सा था। खेल अभी खत्म नहीं हुआ है। वह इसे खत्म करने के लिए वापस आ गया था। वीडियो की शुरुआत में स्क्रीन पर उसके ट्रेडमार्क के साथ मोटे अक्षरों में दिखाई देता है, *ओ दिल दा नी माड़ा सिद्धू मूसेवाला* यानि आप उसे नापसंद कर सकते हैं लेकिन मूसेवाला बुरे दिल का आदमी नहीं है। बैकग्राउंड में बज रहा है। *हथ्यार* में मूसेवाला गाता है: *साड्डे कोलों सहमे...उडारियां लौण लगे।*

मैंने सुना है कि जो लोग कभी हमारी ओर
देखने से भी डरते थे
वे अब हमें चुनौती देने लगे हैं।

हमारा कॉलर पकड़ने की कोशिश कर रहे
हैं।
आसमान खाली दिख रहा है
यह देखकर तीतरों का झुंड
चील की तरह ऊंची उड़ान भरने की कोशिश
कर रहा है।

मूसेवाला ने अपने गानों में अपने दुश्मनों के लिए *तीतर* और सांप जैसे शब्दों का इस्तेमाल किया है। पंजाबी में *तीतर* का उपयोग एक कमजोर व्यक्ति के लिए किया जाता है, जिसे आसानी से पकड़ कर खत्म किया जा सकता है। मूसेवाला का संगीत और गीत पंजाबी जीवन शैली में निहित हैं। उसने अपने संगीत का उपयोग जाटों की मर्दानगी और उनके साहस के बारे में बात करने के लिए किया। ग्रामीण कल्पना का उपयोग करते हुए उसने अपने प्रतिद्वंद्वियों की तुलना टेम्पो से करते हुए उनका मजाक उड़ाया। टेम्पो यानि बड़े तिपहिया वाहन जिन्हें ग्रामीण भाषा में *मारुता* कहा जाता है। टेम्पो ऐसे इंजनों पर चलते हैं जिन्हें हाथ से स्टार्ट किया जाता है। इसलिए ड्राइवर चौक-चौराहों पर इंजन चालू रखते हैं ताकि कहीं गाड़ी रुक न जाए। मूसेवाला का तात्पर्य यह था कि उसके प्रतिद्वंद्वी टेम्पो की तरह एक ही स्थान पर बेकार चल रहे थे और धुआं छोड़ रहे थे।

उसके गीतों का विषय एक मर्दाना जट्ट है जो अपने दुश्मनों के प्रति क्रूर है लेकिन अपनों के लिए दयालु है। खतरे के सामने सख्त और अड़िग है लेकिन इतना सिद्धांतवादी कि कभी किसी को कोई नुकसान नहीं पहुंचाता।

मासूमों और बच्चों और महिलाओं के प्रति वह नरम ही रहा। केंद्रीय पात्र की छवि निडर बहादुरी की है। मूसेवाला के वीडियो में खुले आम हथियार लहराए जा रहे हैं। खून-खराबा हो रहा है। कारें इधर-उधर उड़ रही हैं। एक मास्टर गैंगस्टर अपने अंगरक्षकों के दल के साथ है और दुश्मन उसके करीब जाने से डरते हैं।

सामाजिक टिप्पणीकार अजय पाल सिंह बराड़ जिन्होंने अन्य सामाजिक आंदोलनों के बीच साल भर चले किसान आंदोलन में भाग लिया उसे पंजाबी युवाओं की अतिपुरुषत्व की विशिष्ट अभिव्यक्ति बताते हैं।

हमारे प्रतिद्वंद्वियों को डराने वाले उसके गीत मर्दानगी को बढ़ावा देते हैं। मूसेवाला ने खुद को ऊंचा रखा और उसके श्रोताओं ने उसे। यह अतिपुरुषत्व रेड बुल या कोकीन की किक की तरह है। उसके बोल आपको रोमांचित कर देते हैं।

ऐसा लगता है कि पंजाब के युवा कोई दिशा तलाश कर रहे थे। मूसेवाला के गीतों ने उन्हें वो सब दिया जिसके लिए वे तरस रहे थे। क्या हम उसे दोष दे सकते हैं। एक समाज के रूप में हम अपने युवाओं को बेहतर लक्ष्य देने में विफल रहे हैं। उन्हें जीवन में एक उच्च उद्देश्य की आवश्यकता होती है।

पुणे स्थित लेखक, वक्ता और उद्यमी अमित बामजई लिखते हैं, 'मैं तीन साल पहले एक इलेक्ट्रॉनिक स्टोर में मार्शल स्पीकर खरीदने की सोच रहा था। सेल्समैन ने उस स्पीकर की परफॉरमेंस दिखाने के लिए किसी अंग्रेजी गाने की बजाय मूसेवाला का तेज बीट वाला एक गाना चलाया।

'यह कहना कि मैं उसके गीत *ओल्ड स्कूल* की अल्हड़ता और मर्दाना भाषा से प्रभावित हो गया था शायद सही होगा। पूरा गाना पंजाबी युवाओं की एक शुद्ध अभिव्यक्ति है जो अपनी मर्दानगी के बारे में जानते हैं और अपनी *काल रेंज रोवर* या अपनी डबल बैरल राइफल या जैसा पंजाब में लोकप्रिय है *दोनाली* बंदूक का प्रदर्शन करने से नहीं कतराते। मैं हर दिन काम पर जाता था तो अपनी कार में इस गाने को सुनता। मुझे यह स्वीकार करने में कोई शर्म नहीं है कि उसके गीत ने मुझे दुनिया की चिंताओं को संभालने के लिए जोश से भर दिया था।'[2]

बामजई ने जिन गीतों का उल्लेख किया है वे हैं:

*हो मुकेया नी कर गौर बल्लिए...*

सुन मैं अभी खत्म नहीं हुआ हूं
मेरी स्थिति और मेरी प्रतिष्ठा को देखो
मैं अपने चारों ओर पुलिस वालों के साथ
घूमता हूं
मैं किसी लड़की के लिए नहीं
बंदूकों के लिए बना हूं।
इस जट्ट ने क्रांति ला दी है
ध्यान देना।

मूसेवाला ने अपने गानों से खुद अपने लिए कई बार मुसीबतें खड़ी कीं। वर्ष 2020 में पुलिस ने हथियारों का महिमा मंडन करने, गन कल्चर और हिंसा को बढ़ावा देने के अलावा गैरकानूनी तरीके से एके-47 से फायरिंग करने पर उसके खिलाफ चार अलग-अलग एफआईआर दर्ज की गईं। आरोपों में आपत्तिजनक हरकतें करने और गाना-बजाना, सरकारी आदेश की अवज्ञा और शांति भंग करने के लिए उकसाना शामिल था।[3]

'हां मैं हथियारों के बारे में बात करता हूं क्योंकि मेरा मानना है कि बंदूक रखना ठीक है अगर यह आपकी सुरक्षा के लिए है। वरना यह अच्छा नहीं है, मुझ पर गन कल्चर को प्रोमोट करने और हिंसा को बढ़ावा देने का आरोप लगाया गया है। लेकिन क्या वे *आरआरआर* या हॉलीवुड फिल्मों जैसी फिल्में नहीं देखते जो हिंसा, वीभत्स हत्याओं और रक्तपात पर आधारित हैं। भारत सरकार इन फिल्म निर्माताओं को बुक क्यों नहीं करती। हिंसा भड़काना, केवल मूसेवाला ही क्यों?'[4] उसने अपनी मृत्यु से कुछ सप्ताह पहले एक इंटरव्यू में कहा था।

'अगर आपको लगता है कि बंदूक रखना और लहराना हिंसा है तो हथियार का लाइसेंस लेने का प्रावधान क्यों है? शस्त्र लाइसेंस जारी करना बंद करें। सेंसर बोर्ड के खिलाफ कार्रवाई करें जिसने मेरे गानों

को मंजूरी दी और जिसने बंदूक, गैंगस्टर और हिंसा दिखाने वाले अन्य गानों या फिल्मों को मंजूरी दी।'

पुलिस मामलों और बढ़ती आलोचना से परेशान होकर मूसेवाला ने अफसोस जताया कि उसके समकालीनों में उसे सबसे ज्यादा आंका गया।

'मैं इस एकतरफा कार्रवाई को समझ नहीं पा रहा हूं। मैं नशीली दवाओं या शराब के बारे में बात नहीं करता जो दूसरे करते हैं। कुछ लोग पहले नशीली दवाओं के बारे में गाते हैं, फिर सरकार का पक्ष पाने के लिए नशा मुक्ति अभियान में भाग लेते हैं। ये लोग पाखंडी हैं। मैं ऐसा नहीं करता। मैंने बाकि सिख सिंगरों की तरह न तो अपनी भौहें काटी और न ही अपने बाल कटवाए और ना ही बाकि सिख गायकों की तरह धर्म का समर्थक होने का ही दावा किया। वे सोचते हैं कि वे मेरी आलोचना करके मुझे असफल करने का प्रयास कर सकते हैं। *बदनाम कर सकते हैं लेकिन नाकाम नहीं*।'

कनाडा के जाने-माने रेडियो पत्रकार हरजिंदर थिंद ने एक साक्षात्कार में मूसेवाला से पूछा, 'आपके आलोचक कहते हैं कि आपके गाने युवाओं को गैंगस्टर बना रहे हैं? आप हमेशा हथियारों की महिमा करते हैं और बंदूक रखते हैं।'

मूसेवाला ने जवाब दिया, 'क्या ऐसा पहली बार हुआ है कि कोई सिंगर हथियारों और प्रतिद्वंद्वियों के बारे में बात कर रहा है? यह हमारे कल्चर में है। पंजाब प्राचीन काल से ही आक्रमणकारियों का मुकाबला करता रहा है। प्रत्येक आक्रमणकारी के लिए पंजाबी दीवार बने। दिल्ली या मुख्य भूमि भारत की ओर मार्च करने से पहले उन्होंने हमारा सामना किया गया। हम रक्षक थे। अगर किसी ने हमारे क्षेत्र पर कब्जा किया तो हमने उत्पीड़न के खिलाफ लड़ाई लड़ी। ये साहसी कहानियां हमारी लोक कथाओं में हैं। हमारे खून में हैं। लेकिन मेरे आलोचक इस बात की तारीफ कभी नहीं करते कि मैंने नशीली दवाओं और शराब का महिमा मंडन नहीं किया या भड़कीले कपड़ों में लड़कियों को नहीं नचाया।'[5]

24 मई 2022 को अकाल तख्त जत्थेदार ज्ञानी हरप्रीत सिंह ने सभी सिखों को लाइसेंसी हथियार रखने के लिए कहकर विवाद खड़ा कर दिया था। जहां शिअद को छोड़कर सभी राजनीतिक दलों ने इस घोषणा की आलोचना की, वहीं सिद्धू मूसेवाला ने जत्थेदार का पूरा समर्थन किया। उसने कहा, 'यह समय की मांग है। जत्थेदार ने लाइसेंसी हथियार मांगे हैं क्योंकि पंजाब एक सीमावर्ती राज्य है और अगर किसी दिन हमें घुसपैठियों से लड़ना पड़ा, तो हमारे पास कम से कम ऐसा करने के लिए हथियार होने ही चाहिए। जत्थेदार ने हमें हथियारों के लिए लाइसेंस लेने के लिए कहा है। इसका मतलब है कि वह देश के कानून का पालन कर रहे हैं। इसमें नुकसान क्या है?'[6]

संयोग से पंजाब में हथियार लाइसेंसों की संख्या देश में तीसरी सबसे अधिक संख्या है। उत्तर प्रदेश इस सूची में शीर्ष पर है। गृह मंत्रालय द्वारा जारी आंकड़ों के मुताबिक 31 दिसंबर 2016 तक उत्तर प्रदेश में 12 लाख से ज्यादा और पंजाब में करीब 3.6 लाख लाइसेंस थे। हालांकि लाइसेंस जनसंख्या के अनुपात में पंजाब सबसे ऊपर था। पंजाब की 1.3 प्रतिशत की तुलना में यूपी में 0.63 प्रतिशत आबादी के पास लाइसेंस है।[7] वर्ष 2019 में फिरोजपुर में हथियार लाइसेंस के लिए आवेदनों की भारी भीड़ को देखते हुए आईएएस अधिकारी चंदर गेंद पर्यावरण को लाभ पहुंचाने की एक अनूठी योजना के साथ सामने आए। उन्होंने प्रत्येक लाइसेंस धारक के लिए दस पौधे लगाना अनिवार्य कर दिया। लाइसेंस के लिए पात्र होने के प्रमाण के रूप में पौधे लगाएं और पौधों के साथ सेल्फी जमा करें।

मूसेवाला ने जोर देकर कहा कि लाइसेंसी हथियार राज्य के लिए खतरनाक नहीं है। 'मुझे समझ में नहीं आता कि चुनाव आयोग लोगों से चुनाव से पहले सभी लाइसेंसी हथियार पुलिस स्टेशन में जमा करने के लिए कहता ही क्यों है। ऐसे हथियारों से अब तक कितनी हत्याएं हुई हैं? नाजायज हथियार ही भीषण हत्याओं और कानून-व्यवस्था की समस्याओं का कारण बनते हैं।' हथियार लाइसेंस के पक्ष में उसके बयान ने उसके आलोचना को और ज्यादा आमंत्रित किया।

ठीक पांच दिन बाद छह शूटरों ने अत्याधुनिक लेकिन अवैध हथियारों से ही उसकी हत्या कर दी।

कोई भी उसकी विचार प्रक्रिया को उसके गीतों के माध्यम से विकसित होते हुए देख सकता है। गांव में उसके जीवन और पंजाब की राजनीतिक स्थिति के चश्मे से देखे जाने पर उसके गीत कुछ अलग ही कहानी बताते हैं। एक युवा और लापरवाह दिमाग के परिपक्व सामाजिक परिवर्तन से चिंतित दिमाग में विकसित होने की कहानी बताते हैं। शायद इस सब में सबसे बड़ी क्षति यह है कि मूसेवाला की हत्या ठीक उसी समय की गई जब उसने बदलाव का आह्वान किया था।

सिद्धू के गीतों का विश्लेषण करने पर जट्ट वर्चस्व, अति पुरुषत्व और बंदूक संस्कृति से दूर ऐसे बदलाव को देखा जा सकता है जो उसके गीतों का आधार थे। लोकप्रिय लोक कथाओं से हटकर उसने पंजाब के सामाजिक और राजनीतिक मुद्दों जैसे राजनीतिक कैदियों के बारे में गाना शुरू कर दिया था।

पंजाब के वरिष्ठ नेता सुखदर्शन नट बताते हैं, 'उसके संगीत का फल पकने ही वाला था कि उसे तोड़ लिया गया।' किसान संघ, 'हमने किसी भी सिंगर या कलाकार को आंदोलन के मंच से भाषण देने की अनुमति नहीं दी, दूसरों की तरह उसने हमारी दुर्दशा पर गीत लिखे। वह हमारे दिलों के ज्यादा करीब था। क्योंकि वह एक किसान का बेटा था और अपनी जमीन खुद ही जोतता था। आप उसके गीत *295* और *एसवाईएल* को देखें (जो उसकी मौत के बाद जारी किया गया) तो आप देखेंगे कि ये गीत उसके या उसके दुश्मनों के बारे में नहीं थे। ये राज्य के दुश्मनों, सामाजिक मुद्दों और लोगों की पीड़ा के बारे में थे। जरनैल सिंह भिंडरावाले की जिक्र भी उसके गानों में था। मूसेवाला सभी चरमपंथियों को *धर्म के ठेकेदार* या आस्था के स्व-घोषित संरक्षक के रूप में भी चैलेंज करता रहता था। अपने *295* गीत में मूसेवाला ने *धर्म के ठेकेदारों* पर अपना गुस्सा जम कर निकाला है। उसने कहा सिक्ख पंथ सिर्फ कुछ लीडरों का ही नहीं था।'

मूसेवाला के चाचा चमकौर सिंह जिन्होंने परिवार के साथ अच्छे और बुरे दोनों समय देखे बताते हैं कि मूसेवाला का संगीत और गीत विकसित हो रहे थे। उसके शुरुआती गाने गैलरी की मांग के साथ-साथ अपने प्रतिद्वंद्वियों और दुश्मनों के खिलाफ उसके खुद के बयान के बारे में थे। उसने अपने प्रतिद्वंद्वियों को चुप कराने के लिए उनका मज़ाक उड़ाने के लिए ग्रामीण रूपकों का इस्तेमाल किया। लेकिन वह बड़े मुद्दों पर बात करने वाले गीतों पर मंथन करने के लिए आगे बढ़ रहा था। उसने इस पर टिप्पणी करना शुरू कर दिया था कि कैसे कुछ लोग सिख धर्म या किसी भी धर्म के स्वयंभू अधिकारी बन गए थे और कैसे राज्य ने विभिन्न विचारों को प्रसारित करने की अनुमति नहीं दी और इसके बजाय विरोधी या आलोचनात्मक स्वरों का गला घोंट दिया।

वह धीरे-धीरे एक कलाकार और सांस्कृतिक हस्ती के रूप में उभर रहा था और न केवल लोकप्रिय हिट लिख रहा था बल्कि ऐसे गीत भी लिख रहा था जो समय की बात करते थे। हो सकता है कि वह एक समय में शर्मीला रहा हो, लेकिन वह अपने दर्शकों को अच्छी तरह से समझता था। उसने अपने पद का उपयोग उन विचारों और मुद्दों को लोगों तक पहुंचाना शुरू कर दिया था जो उसके लिए मायने रखते थे।

उसके दर्शकों की तरह लेखक रौणकी राम ने कहा, 'जमीनी स्तर पर संस्कृति की सामुदायिक परंपरा से जुड़े होने का एक और पहलू उसका संगीत समारोहों के दौरान दर्शकों को संबोधित करने को लेकर था। वह देवियों और सज्जनों को बहनों, माताओं और भाईयों के अलावा बुजुर्गों से अभिवादन करने के लिए जाना जाता था। कभी-कभी वह अपने अखाड़ों में विशाल जनसमूह से बच्चों की देखभाल और खास ख्याल रखने का अनुरोध करता था। उसके पहले के कई वीडियो में से एक में जो उसकी भयानक हत्या के बाद वायरल हो गया था, उसे एक रोते हुए बच्चे को सांत्वना देते हुए देखा जा सकता है जिसे किसी ने थप्पड़ मार दिया था। उसने बच्चे को न केवल हंसने के लिए प्रेरित किया बल्कि अपने कई हिट गानों में से एक ...*उच्चियां ने गल्लां तेरे यार दियां...* की कुछ लाइनें भी सुना दी।'[8]

होशियारपुर के बसंत मेले में मूसेवाला ने दर्शकों का ध्यान खींचा था। उसने अपनी चिर-परिचित शैली में उन्हें भाइयों और बहनों, माताओं और बुजुर्गों के रूप में संबोधित किया। यहां तक कि उसने एक फोटो जर्नलिस्ट का भी अभिवादन किया और उसे एक शानदार फोटो के लिए धन्यवाद दिया। एक प्रशंसक का हालचाल पूछा जो उसके लगभग सभी संगीत समारोहों में शामिल होता था। उस व्यक्तिगत संबंध को स्थापित करने के बाद उसने अपने लोकप्रिय गीत *लीजेंड* के साथ शुरुआत की। फरवरी 2019 में रिलीका हुए इस गाने में वह अपने विरोधियों पर हमला करता नजर आता है। इसमें वह गाता है:

*हां... असी अनलिमिटेड चलदे... बाहर नी...*

बेइंतिहा दुश्मनी है
हमारी सांसों की गिनती सीमित है
पर मैं दुनिया के विपरीत चलता हूं
और मृत्यु के समानांतर
कुछ दिलों में मैं हमेशा रहता हूं
और कुछ लोग मुझे नहीं समझते।

जैसे ही गाना खत्म हुआ मूसेवाला ने भीड़ को संबोधित किया। 'जो लोग सफल होते हैं उन्हें ईर्ष्या के कारण बहुत सारे दुश्मन मिल जाते हैं। लेकिन प्रतिद्वंद्वी या आलोचक बाद में केवल कुत्ते की तरह भौंक ही सकते हैं। जिसे जो कुछ करना था जो कुछ हासिल करना था उसने कर लिया। अब आप यह दावा करते रह सकते हैं कि आप यह करेंगे या वह करेंगे लेकिन कुछ होने वाला नहीं है। आप कुछ नहीं कर सकते। पूरी दुनिया जानती है कि आपकी दुनिया में किसने तूफान मचाया है। उन्हें यह बताने की जरूरत नहीं है कि किसमें हिम्मत है, वे इसे जानते हैं।' वह अपने ट्रेडमार्क जांघ पर हाथ मार कर कहता है।

'अपने स्कूल के दिनों से मैंने ब्लैक रैपर्स के गाने सुने और खुद गाने की कोशिश की। मैं गांव में इलेक्ट्रिकल इंजीनियर बनने वाले पहले लोगों में से था और बाद में मैंने फॉरेन जाने के लिए आईलेट्स पास

किया। अब आप ताली नहीं बजाएंगे क्योंकि मैं समझदारी की बात कर रहा हूं। अगर मैंने किसी को गाली दी होती तो आप सभी खुश होते,' उसने शांत हो गए दर्शकों से कहा।

'कोई भी आपके व्यक्तिगत कष्टों के बारे में जानना नहीं चाहता।' मूसेवाला ने कहा, 'दर्शक तमाशा और दुश्मनों के लिए जोरदार और खुली चुनौतियां चाहते हैं।' अपनी बात कहने के बाद वह सभा का मूड बदलने के लिए आगे बढ़ जाता था। वह एक उत्कृष्ट कलाकार था जो अपने दर्शकों की नब्ज जानता था।

'मैं नहीं जानता कि वे कौन लोग हैं जो कहते हैं कि मैं जीतने की दौड़ में भाग ले रहा हूं। लेकिन वे नहीं जानते कि मैं अनिश्चित जमीन पर ऐसी दौड़ लगाने वाला घोड़ा नहीं हूं। इस घोड़े की किस्मत में दुनिया जीतना लिखा है। हमारी लड़ाई पंजाबी गायकों से नहीं बल्कि विदेशियों से है। हम विश्व के गायकों में से केवल एक प्रतिशत हैं। मैं पंजाबियों को शीर्ष स्थान पर ले जाऊंगा। बस इतना ही।'

भीड़ ने एक बार फिर जोश के साथ उसका हौसला बढ़ाया। खुद को लीजेंड बताते हुए सिद्धू मूसेवाला ने शेखी बघारी, 'इतने सारे लोग मेरे घर को सर्च करते हैं कि गूगल ने मैप पर मेरे घर पर पिन लगा दिया है। प्रशंसक मेरे घर ऐसे आते हैं जैसे यह उनका अपना घर हो। मैं भी उनसे अपने परिवार के सदस्य के तौर पर मिलता हूं। प्रशंसक के तौर पर नहीं। मैं कभी किसी को ना नहीं कहता और गूगल मेरा पुराना घर भी दिखाता है।

'मगर बाकी सिंगर अपने प्रशंसकों को यह नहीं बताते कि वे कहां रहते हैं। वे शहरों में पहरेदारों के पीछे छिपे रहते हैं। मगर मैं आप सभी के लिए खुले तौर पर जीता हूं।' उसने जोर से चिल्लाते हुए और जयकारे लगाते हुए कहा।

उसकी मौत के बाद गूगल मैप्स ने मूसा गांव पर एक नया पिन जोड़ा, *सिद्धू मूसेवाला स्मारक*।

मूसेवाला के विशाल प्रशंसकों के आधार पर अजय पाल सिंह बराड़ की दिलचस्प राय है।

उनका कहना है कि मूसेवाला ने अपने गीतों में एक बड़े दुश्मन को दिखाया जो लगभग अस्तित्व के संकट के लिए खड़ा था। आप एक दुश्मन बनाते हैं वास्तविक या काल्पनिक। शत्रु का उदय आपके अस्तित्व के लिए खतरा है। जब आप मूसेवाला के वीडियो देखते हैं तो आप अपने बड़े-दूसरे दुश्मनों की कल्पना करते हैं।

बराड़ के मुताबिक, 'मूसेवाला यहीं नहीं रुका। बड़े-बड़े शत्रु पैदा करके वह उसे परास्त कर देता है। आप भी अपनी कल्पना में ऐसा ही करते हैं। इसी तरह आप भी मूसेवाला की ओर आकर्षित होते हैं।'

बराड़ का कहना है कि मूसेवाला जैसे गायकों को गैंगस्टरवाद का श्रेय देना गलत है। गैंगस्टर संस्कृति किसी न किसी नाम और रूप में हमेशा से पंजाब का हिस्सा रही है और यह कोई ऐसी चीज नहीं है जिसे मूसेवाला ने शुरू किया था। मालवा क्षेत्र में ऐसे लोगों को पैदा करने का इतिहास रहा है जो आज के मानकों के हिसाब से गैंगस्टर होते थे। लेकिन तब उन्हें विद्रोही या रॉबिन हुड के रूप में जाना जाता था, जो अमीरों से लूटकर गरीबों को दे देते थे।

बराड़ कहते हैं, 'चाहे वह बंबीहा हो, शेरा खुब्बां, लॉरेंस बिश्नोई, जयपाल भुल्लर, जसविंदर रॉकी हो या गैंगस्टरों की इस पीढ़ी के पिता डिम्पी चंदभान हो सभी और कई अन्य लोग इसी क्षेत्र से निकले हैं।' बराड़ के अनुसार यह याद रखना जरूरी है कि उनमें से कोई भी पैसे के लिए अपराध और जबरन वसूली के लिए जीवन में नहीं गया। यह कुछ ऐसा था जो अपने बारे में बताने के लिए था कि वह भी अस्तित्व में था। कि वह भी कुछ थे। यह सिर्फ अपना नाम बनाने के बारे में था। लोक कथाओं में आजादी से पहले के युग में जिंदवाला गांव के तीन भाइयों की कहानी सुनी जाती है। उनके पास पांच हजार एकड़ जमीन थी। उन्होंने अंग्रेजों द्वारा संचालित स्कूल में पढ़ाई की थी। फिर भी उन्होंने एक बैंक लूट लिया था। जब अदालत में उनसे इसका कारण पूछा गया तो उन्होंने कहा कि उन्होंने ऐसा सिर्फ रोमांच के लिए किया था।

बराड़ लक्ष्य से बहुत दूर नहीं हो सकते। डिम्पी चंदभान के पास 150 एकड़ जमीन थी। फिर भी उसने लोगों की हत्या की और एक गिरोह बनाया। सन 1990 के दशक में उसकी शादी में उत्तर प्रदेश का नामी गैंगस्टर मुहम्मद अंसारी विशेष अतिथि था। डिम्पी ने क्षेत्र में गिरोहों का निगमीकरण किया था। पुराने समय के स्कॉटिश लोगों की तरह माझा क्षेत्र के लोग मवेशी उठाने का काम करते थे। एक समय में लोग अपनी बेटी की शादी एक ऐसे व्यक्ति से करते थे, जो यह साबित कर सकता था कि वह मवेशियों को चुरा सकता हो। यही मर्दानगी की निशानी थी। पंजाब में ताकत दिखाने के लिए अपराध का सहारा लेना कोई नई बात नहीं है। अति पुरुषत्व हमेशा से पंजाब का आदर्श रहा है।

मूसेवाला का गन कल्चर को महिमा मंडित करने की आलोचना भले ही निराधार न हो लेकिन वह एक बड़े मुद्दे का हिस्सा जरूर थी। जैसा कि जेएनयू के विद्वान हरिंदर हैप्पी और शिवम मोघा ने लिखा है, 'यह स्वीकार करना महत्वपूर्ण है कि हथियारों के बारे में सिद्धू का संदर्भ राज्य सरकार को राज्य में बंदूक संस्कृति की जिम्मेदारी से बचने का बहाना नहीं दे सकता। आखिरकार यह संस्कृति पिछले दशकों में राजनीतिक संरक्षण में व्यवस्थित रूप से विकसित हुई है।'[9]

रेड एफएम कनाडा के लिए काम करने वाले हरजिंदर थिंद के साथ एक इंटरव्यू में मूसेवाला ने अपने दिल की बात कही, 'गाना मेरा शौक था। मगर मुझे नहीं पता कि यह मेरा पेशा कब बन गया। गाने से मुझे संतुष्टि मिली। लोग अपने खाली समय में खेलते हैं या पढ़ते हैं या कुछ और करते हैं। मैं गाता हूं। यह मेरे दिल की संतुष्टि के लिए है। ज्यादातर गाने पैसे के लिए गाए जाते हैं। मैं अपने सभी आलोचकों और मुझ पर सवाल उठाने वालों को जवाब नहीं दे सकता। तब मैं बोलता हूं। मैं अपने गीत के माध्यम से व्यक्त करता हूं। ये सिर्फ गाने के बोल नहीं हैं। ये मेरी प्रतिक्रियाएं हैं। मेरे आलोचक यूट्यूब और अन्य स्थानों पर टिप्पणियां छोड़ते हैं।' उसने रेडियो कार्यक्रम में गाया:

*ओ बापू मेरा... थल्ले रक्खे दुनिया।*

मेरे पिता ने मुझे सलाह दी कि मैं परेशान न
होऊं
लोग किसी के प्रति सच्चे नहीं होते
अगर इंसान के खून में जुनून हो तो
वह किसी भी चीज पर जीत हासिल कर
सकता है
मैं दिल से सबका साथ देता हूं
साजिशें नहीं रचता
सर्वशक्तिमान मुझे आश्रय देता है।
मैं दुनिया को अपने जूतों के नीचे रखता हूं

मूसेवाला ने संगीत उद्योग में नंबर गेम और शीर्ष पर बने रहने की चंचलता के बारे में भी बात की।

'कोई भी हर समय शीर्ष पर नहीं रह सकता। मैंने किसी की जगह ली है और कोई मेरी जगह लेगा। आकाश में कोई घोंसला नहीं है, तुम्हें जमीन पर आना ही होगा। लेकिन जब तक मेरे चमकने का समय है मैं वही गाऊंगा जो मैं चाहता हूं और जो कुछ लोग चाहते हैं उसके उल्टा गाऊंगा।'

'बंबीहा गीत सुनें। मूसेवाला जिस थप्पड़ की बात कर रहा है वह हमारे लिए था,' लॉरेंस ने एचजीएस धालीवाल को बताया था। दविंदर बंबीहा जब जीवित था तो बिश्नोई का प्रतिद्वंद्वी था। दोनों ने लगभग एक ही समय में अपने अपराधिक अभियान शुरू किए थे। बिश्नोई के अनुसार बंबीहा गीत मूसेवाला के कबड्डी खिलाड़ी से गैंगस्टर बने व्यक्ति के बखान जैसा था। लेकिन क्या यह था? सिंगर बंटी बैंस इससे सहमत नहीं हैं।

'यह पहली बार नहीं है कि बंबीहा को एक शब्द के रूप में किसी गीत में दिखाया गया है। हालांकि वीडियो में अमृत मान और मूसेवाला के गाने में बंबीहा के चरित्र को एक गैंगस्टर के रूप में स्पष्ट

रूप से दिखाया गया। लेकिन इस शब्द का एक अलग इतिहास है,' वह बताते हैं।

'बंबीहा या पपीहा एक पक्षी है जो पंजाब में अपनी मधुर आवाज के लिए जाना जाता है। चोंच के आकार के कारण यह पंछी दूसरे पंछियों की तरह तालाब या बर्तन से पानी नहीं पी सकता। यह अपनी गर्दन आसमान की ओर उठाकर बारिश के लिए प्रार्थना करता है। बारिश के पानी से ही अपनी प्यास बुझा पाता है।'

बैंस का तर्क था कि बंबीहा या बबीहा या पपीहा का इस्तेमाल आमतौर पर भगवान के प्रति आत्मा के प्रेम के रूप में किया जाता है बिल्कुल बारिश की बूंदों के लिए पंछी की लालसा की तरह। यह पक्षी मानसून के अग्रदूत के रूप में लोक गीतों में नजर आता है।

बंबीहा पक्षी का वर्णन गुरबानी में भी पाया जाता है:

*बंबीहा खिन खिन बिल-लाई।*
*बिन पीर देखे नींद ना पाई।*

(गुरु अमर दास, गुरु ग्रंथ साहिब—1262)

रंग बिरंगी कोयल हर पल बारिश की एक
बूंद के लिए तड़पती है।
अपने प्रियतम मेघ को देखे बिना उसे नींद
नहीं आती।[10]

क्या मूसेवाला का बंबीहा उस कोयल और उसमें मौजूद दिव्यता के बारे में ही था।

ऐसा लगता है कि पुलिस की जांच लॉरेंस बिश्नोई की सिद्धू मूसेवाला के प्रति दुश्मनी से शुरू हुई और उसी पर खत्म हो गई। यह भी बार बार कहा जाता है कि लॉरेंस और देविंदर बंबीहा गैंग मूसेवाला की उनके घोर दुश्मन लक्की पटियाल से दोस्ती के चलते जबरदस्त नाराज था।

छात्र नेता से राजनेता बने विक्की मिद्दुखेड़ा की हत्या को भी एक बड़ा कारण माना जाता है। लेकिन क्या यही एकमात्र कारण है?

पुरस्कार प्राप्त पंजाबी लोक गीतकार, लेखक, आलोचक और शिक्षाविद डॉक्टर नाहर सिंह ने अपने यूट्यूब चैनल सुखनलोक[11] पर कुलवीर गोजरा के साथ एक इंटरव्यू में गैंगस्टरों और हिंसा भरे गीतों पर चर्चा की है। उन्होंने कहा कि ऐसे गीत पंजाबी लोक इतिहास और साहित्य के लिए नुकसानदेह हैं। ये गाने जब गैंगवार का जिक्र करते हैं तो मर्दानगी और जातिवाद की अपील करते हैं। इन गीतों को बौद्धिक नहीं माना जा सकता। ऐसे गीतों की लोकप्रियता के कारण ही पंजाब में गज़ल, सूफी संगीत और साहित्यिक गीत नहीं पनप पाए हैं। लोकप्रिय गायन को बहुत श्रोता मिल जाते हैं। लेकिन बड़ा सवाल सिर्फ यह नहीं है कि इन गीतों को कौन गा रहा है या लिख रहा है बल्कि सवाल यह भी है कि उन पर प्रतिक्रिया दे कौन रहा है। ऐसे गीतों का बाजार आखिर बना कौन रहा है?

इंस्टीट्यूट फॉर डेवलपमेंट एंड कम्युनिकेशन आईडीसी के निदेशक प्रमोद कुमार पंजाब के मुद्दों के बारे में सभी मर्दाना मुद्राओं या गायकी को सरासर अर्थशास्त्र या व्यावसायिक शोषण करार देते हैं।

'पंजाब के स्वप्नहीन युवा मजबूत विचारधारा के बिना इच्छाओं के पीछे भागते हैं और इच्छाएं विकार हैं। मूसेवाला के गीत भगत सिंह या लेखक पाश की मातृभूमि के लिए महत्वाकांक्षाओं या सपनों को प्रतिबिंबित नहीं करते। उनकी क्रांति की एक दिशा थी। एक नियति थी जो अकेले विद्रोह के पास नहीं हो सकती थी। मूसेवाला के मामले में ऐसा लगता है कि केवल बाजार तर्क लागू किया गया है।'

सिद्धू मूसेवाला विवादों का लाडला था। उसके गीत *295* ने काफी हंगामा मचाया। लेकिन इस गीत ने पंजाबी भावना को प्रदर्शित किया जो अपनी विद्रोही प्रवृत्ति, असहमति जताने के लिए जानी जाती है। उसके गाने दुल्ला भट्टी की याद दिलाते हैं जिन्हें पंद्रहवीं सदी में

पंजाब का रॉबिन हुड कहा जाता था। वह एक प्रसिद्ध पंजाबी स्वतंत्रता सेनानी था जिसने लोक कथाओं के अनुसार अकबर के शासन के दौरान मुगलों के खिलाफ विद्रोह का नेतृत्व किया था। इस गीत में मूसेवाला गाता है कि अभिव्यक्ति की स्वतंत्रता एक मृगतृष्णा है। चाहे आप सार्वजनिक रूप से कुछ भी कहें विवाद होना तय है। विशेष रूप से उस पर अश्लील कृत्यों और गानों के लिए 294-295 आईपीसी के तहत दो बार मामला दर्ज किया गया था।

आईपीसी की धारा 295 बेअदबी से संबंधित है। एक ऐसा मुद्दा जिसने हाल के वर्षों में पंजाब की राजनीति को बदल दिया है। मूसेवाला 295 में गाता है: *मुसीबत तां मरदां... हेट मिलुगी।*

> असली मर्दों को परेशानी का सामना करना
> पड़ता है
> लेकिन दबाव महसूस मत करो
> दुनिया को अपनी मुसीबत का मज़ा मत लेने
> दो
> जिस रास्ते पर तू चल रहा है उस पर तुझे
> बहुत बदनामी मिलेगी और विवाद का
> सामना भी करना पड़ेगा
> धर्म के नाम पर बहस मिलेगी सच बोलने पर
> 295 मिलेगी,
> सफलता से तुझे नफरत मिलेगी

अमित बामजई ने इस गाने के महत्व के बारे में लिखा, वर्ष 2021 की गर्मियों के दौरान 'मूसटेप' का एक सोलो गीत आया जो शायद मूसेवाला का सबसे अधिक सुना जाने वाला गीत था। यह अपने विषय और गहराई में दिवंगत कलाकार के अन्य ब्लॉक बस्टर गानों से बिल्कुल अलग है।

'295 अपने लॉन्च के 10 महीने से भी कम समय में 260 मिलियन से अधिक हिट के साथ भारत और विदेशों में रहने वाले

पंजाबी समुदाय का गीत बन गया। इसका दर्दनाक श्लोक एक बच्चे और उसके पिता के बीच के संवेदनशील रिश्ते को दर्शाता है जो उन्हें उनके अटूट समर्थन और उसकी उपलब्धियों पर गर्व की याद दिलाता है। इसे इंस्टाग्राम और उसकी मौत की सभी रीलों पर चलाया गया।'

मूसेवाला ने जल्दी ही अपने गीतों को नया अर्थ दिया। उसने अपने गीतों को विचारोत्तेजक राजनीतिक टिप्पणियों से भर दिया।

'मूसटेप' में मूसेवाला ने युवाओं को अपने माता-पिता से प्यार करने का संदेश दिया। परिवारों के अलग होने की चिंताओं के साथ अपने श्रोताओं के बीच पारिवारिक मूल्यों को विकसित करने का उसका प्रयास साफ नजर आता है। कुल मिला कर अपने जीवन के दौरान वह युवाओं के लिए एक राजदूत बन गया।

युवाओं को अपनी जड़ों से जुड़े रहने की प्रेरणा देने के लिए वह अपने पैतृक गांव लौट आया और उसने मुंबई में रहने के आकर्षक प्रस्तावों को ठुकरा दिया। उसका जीवन पंजाब के युवाओं के लिए एक ऐसा संदेश बन गया जो हरे-भरे चरागाहों की तलाश में विदेशी भूमि पर प्रवास करने के लिए जाने जाते हैं। वह इस पलायन के खिलाफ आवाज बना। कौन जानता है कि यदि उसका जीवन छोटा न होता तो उसका संगीत क्या दिशा लेता।

15

# विवाद

2014 में एक पंजाबी फिल्म और संगीत कलाकार की इंटरनेट फोन पर एक गैंगस्टर से बातचीत का एक ऑडियो क्लिप।

अभिनेता (विनती करते हुए): भाई साहब मेहरबानी करके मुझे कुछ टाइम दे दो।

गैंगस्टर: हमने तुझे पहले ही काफी टाइम दे दिया है। अब ध्यान से सुन ले। फौरन पेमेंट कर। वरना तेरा परिवार हमेशा के लिए शोक मनाएगा।

अभिनेता: मैं कोशिश कर रहा हूं लेकिन इंतजाम नहीं हो पा रहा—

गैंगस्टर: पिछली बार तूने कहा था कि तू कॉल बैक करेगा। साफ-साफ बता तू मामला निबटाना चाहता है या नहीं। याद रख तुझे मारने से एक मिसाल कायम हो जाएगी और हम तेरे जैसे तीस बंदों से पैसे कमा लेंगे। तू बाकी कौव्वों के लिए एक सबक के तौर पर खंभे से लटका मिलेगा। मुझे अपनी एक्टरों वाली चालाकियां ना दिखा। अगर मैं दिखाने पे आ गया तो तुझे और तेरे परिवार को पछताना पड़ेगा।

एक्टर: नहीं... वीर जी... मेरे अर्जी सुन लो... मैं कह रहा था कि बिजनेस बहुत खराब है। मुझे समय दो। मैं आपको इसी नंबर पर वापस कॉल बैक करूंगा।

गैंगस्टर: तू पहले ही देख चुका है पुलिस के पास जाने से तुझे कोई फायदा होने वाला नहीं है। तूने पुलिस को मेरा पिछला नंबर दिया और मुझे कुछ कॉल भी आईं पर कोई फर्क पड़ा? मैं ही तेरी हिफाजत कर सकता हूं और मैं ही तुझे कुछ ही पलों खत्म भी कर सकता हूं। चाहे तू कहीं भी छुप जा।

अभिनेता: मैं आपसे विनती करता हूं भाई प्लीज। इस साल मुझे यह नौवीं ऐसी कॉल है। मैं कितने लोगों को दे सकता हूं।

गैंगस्टर: तू किसी और की चिंता न कर। बाकि कॉल करने वालों को मेरा नाम बता दे और वे अपनी पैंट में मूत देंगे तू जानता है कितने लोग पहले से ही मेरी सुरक्षा में हैं। दस मिनट में मुझे कॉल कर। मैं तुझे बताऊंगा कि मेरे आदमी पैसे कैसे, कहां से लेंगे।

कॉल कट जाती है।

ऐसी फिरौती की मांग करने वाली कॉलें एक नए चलन का संकेत हैं जो 2013 के आसपास पॉलीवुड में उभरा है। पॉलीवुड यानि पंजाबी फिल्म और संगीत उद्योग का नया नामकरण। नब्बे के दशक में मुंबई माफिया की तरह गैंगस्टरों का खतरा पंजाब में आ गया था। यह समय पंजाब में नशीली दवाओं के खतरे के प्रसार के साथ मेल खाता था। ऐसा माना जाता है कि नशीली दवाओं की तस्करी से मिलने वाले रिटर्न को अप्रत्यक्ष रूप से पॉलीवुड तक पहुंचने का रास्ता मिल गया था। पंजाब में नशीली दवाओं का प्रयोग आम है। पहले नशे करने वाले ज्यादातर लोग अफीम या पोस्त से ही काम चलाते थे। इसलिए यह नंबर चिंताजनक नहीं था। इस प्रथा को शराब पीने की तरह ही सामान्य माना जाता था। लेकिन पिछले दो दशकों में चिट्टे ने सिंथेटिक और साइकोट्रोपिक पदार्थों के साथ मुख्य मादक पदार्थ की जगह ले ली है।

ये ड्रग अफगानिस्तान से निकलते हैं और पाकिस्तान और कश्मीर के रास्ते पंजाब तक पहुंचते हैं।

पंजाबी साहित्य अकादमी के पंजाबी संस्कृति परंपराओं और साहित्य के विशेषज्ञ पूर्व प्रमुख प्रोफेसर गुरभजन गिल ने ट्रिब्यून में एक लेख में बताया है कि लोक साहित्य, गीतों और फिल्मों में हमेशा एक ऐसा चरित्र होता है जो अफीमची होता है। एडिक्ट यानि अमली और कॉमिक रिलीफ होता है।[1] जिसका हर वक्त मजाक उड़ाया जाता है। गाई जाने वाली *बोलियां* दोहे और *टप्पे* एक तरह के खास लोक गीत हैं।

*खाण बकरे ते पीण शराबां पुत्त सरदारां दे*

रोज मांस खाना और शराब पीना सरदारों की औलाद हैं

*उच्चेयां टिब्बेयां च दारू पी के बोतलां दब्बियां*

सुरक्षित रखने के लिए बोतलों को जमीन में गाड़ देते हैं।

अफीम की खपत इतनी आम थी कि 1930 में अंग्रेजों ने नशीली दवाओं के प्रसार और इसके दुरुपयोग को रोकने के लिए लाइसेंस प्राप्त अफीम के आदी लोगों के लिए नियम तय कर दिए थे। लाइसेंस प्राप्त नशेड़ियों को डॉक्टर की सलाह पर अफीम की एक विशिष्ट खुराक दी जाती थी। आजादी के समय पंजाब में लगभग दो सौ ऐसे नशेड़ी थे। लेकिन 1983 के बाद कोई नया लाइसेंस जारी नहीं किया गया। अब यह संख्या दस से भी कम है।

अफीम और पोस्त की भूसी को सुखदायक औषधि मानते हैं। हरित क्रांति के दौरान बिहार और उत्तर प्रदेश के मजदूरों को खेतों में लंबे समय तक काम करवाने के लिए कुछ किसान ये दवाएं देते थे। यह प्रथा कहीं-कहीं आज भी जिंदा है। हालांकि पंजाब में अफीम पोस्त के दूध की खेती पर प्रतिबंध है। लेकिन राजस्थान, मध्य प्रदेश और छत्तीसगढ़ में इसकी अनुमति है। जहां गर्म जलवायु और कम वर्षा के साथ-साथ रेतीली, दोमट मिट्टी इस फसल की खेती के लिए अनुकूल है। सभी उपज खसखस, अफीम और खाद्य बीज को केंद्र सरकार के पास जमा करना अनिवार्य है लेकिन चोरी सामान्य बात है।[2] पंजाब के

फाजिल्का और बठिंडा जिले राजस्थान के साथ सीमा सांझा करते हैं जहां पोस्त की खेती की जाती है। राज्यों की एक चिन्हित सीमा होती है, लेकिन अंतरराष्ट्रीय सीमा के विपरीत इसे कंटीली तारों से सील नहीं किया जाता। क्योंकि राज्य एक-दूसरे के शत्रु नहीं हैं। दोनों राज्यों की पुलिस गश्त, सीसीटीवी और सड़कों पर पुलिस नाकों के माध्यम से निगरानी बनाए रखने की कोशिश करती है। लेकिन लगभग 90 किलोमीटर सीमा क्षेत्र की रक्षा करना व्यावहारिक रूप से असंभव है।

ऐसे में दोनों राज्यों के तस्करों के बीच बिना किसी कठिनाई के नशीली दवाओं की तस्करी होती है। वर्ष 2017 में वर्ल्ड ड्रग रिपोर्ट ने पंजाब को नशीली दवाओं की तस्करी के लिए नामजद किया है।[3] भारत नशीली दवाओं के व्यापार स्वर्ण त्रिकोण वियतनाम, म्यांमार और थाईलैंड के अलावा और ईरान, अफगानिस्तान और पाकिस्तान के बीच फंसा हुआ है। इन देशों में अफीम का उत्पादन होता है। चीन और जापान द्वारा पिछले मार्गों पर अलग-अलग कार्रवाई किए जाने के बाद अफगानिस्तान और पाकिस्तान के स्मगलरों को एक नए रास्ते की तलाश थी जो उन्हें पंजाब के जरिए मिला। इसीलिए पंजाब पहले ड्रग ट्रांजिट बना और साथ में उपभोक्ता भी।

वर्ष 2013 तक समूचे देश में पंजाब में नशीली दवाओं से संबंधित मामलों की सबसे अधिक संख्या दर्ज की गई। अफसोस यह प्रवृत्ति आज भी जारी है।[4] नारकोटिक्स और साइकोट्रॉपिक पदार्थों के तहत दर्ज नशीली दवाओं के मामलों की सबसे अधिक संख्या के लिए पंजाब देश में टॉप थ्री में है। पंजाब में नशे की लत का अंदाजा इसी बात से लगाया जा सकता है कि 2014 के आखरी छह महीनों में पंजाब में तीन लाख तीस हजार नशेड़ियों को नशा मुक्ति के लिए रजिस्टर्ड किया गया था।[5]

समय के साथ नशीली दवाओं के खतरे ने खतरनाक रूप धारण कर लिया है। अप्रैल 2023 तक शिअद-भाजपा गठबंधन और कांग्रेस को बाकि मुद्दों के अलावा नशीली दवाओं के खतरे को रोकने में नाकामी पर जनता ने सत्ता से बाहर कर दिया। अंतरराष्ट्रीय मादक

पदार्थों की तस्करी को बढ़ावा देने के आरोप में अकाली दल के एक मंत्री पर मामला दर्ज किया गया और उन्हें गिरफ्तार कर लिया गया। अतिरिक्त पुलिस महानिरीक्षक राजजीत सिंह पर एनडीपीएस अधिनियम के तहत मामला दर्ज किया गया। उसे सेवा से बर्खास्त कर दिया गया।[6] उसके खिलाफ मुख्य आरोप यह था कि उसने इंद्रजीत सिंह नाम के एक ऐसे अधिकारी को संरक्षण और पदोन्नति दी थी जिसे मादक द्रव्यों के सेवन से निपटने के लिए बर्खास्त किया गया था।

पंजाबी फिल्म और संगीत उद्योग भी 2013 के आसपास तेजी से बढ़ा। जालंधर के दोआबा कॉलेज की डॉक्टर सिमरन सिद्धू ने *ग्लोबल मीडिया जर्नल* में इसके बारे में लिखा है। उनके मुताबिक 1970 के दशक के उत्तरार्ध और 1990 के दशक के मध्य के बीच की अवधि काफी कठिन थी। इस दौरान राजनीतिक, सामाजिक और आर्थिक विकास के साथ-साथ राज्य का सांस्कृतिक विकास भी थम सा गया था। वर्ष 1988 में पंजाबी सिनेमा के सुपरस्टार वरिंदर सिंह की मौत के बाद फिल्म उद्योग को एक बड़ा झटका लगा। दर्शक जो पहले ही आतंकवाद के डर से सिनेमाघरों से दूर थे अब पूरी तरह से निराश हो गए थे।

डॉक्टर सिद्धू के अनुसार 2003 में *जी आयां नूं* रिलीज होने के साथ सुधार आया और फिल्म उद्योग में कुछ जोश भर दिया। लेकिन असली बदलाव 2012 में चौबीस पंजाबी फिल्मों के रिलीज के साथ आया। इसके बाद 2013 में यह संख्या दोगुनी होकर 42 हो गई। पंजाबी फिल्म उद्योग भारतीय फिल्म व्यवसाय का एक आकर्षक हिस्सा बन गया। आलम यह हुआ कि 2019 में दुनिया भर में 61 पंजाबी फिल्में रिलीज हुईं। जैसे-जैसे पंजाबी फिल्म उद्योग बढ़ा वैसे-वैसे अच्छे अभिनेताओं की जरूरत भी बढ़ने लगी।

जिम्मी शेरगिल को छोड़कर उस दौर में कोई नया नाम नहीं था। मुख्यधारा की हिंदी फिल्मों में ऐसे बहुत से अभिनेता नहीं थे, जो पंजाबी सिनेमा में पर्याप्त स्टार पावर रखते हों। इस बीच जसबीर जस्सी और

हरभजन मान जैसे पंजाबी गायकों ने अभिनेता के रूप में काम करके इस कमी को पूरा किया।[8]

बाद के वर्षों में फिल्म उद्योग में पंजाबी गायकों ने बढ़ते प्रभाव को स्पष्ट रूप से स्थापित कर दिया। दलजीत दोसांझ, गिप्पी ग्रेवाल और परमीश वर्मा सहित गायक से अभिनेता बने लोगों ने सफलता की नई इबारत लिखी। गायन और अभिनय के संयोजन ने फिल्म स्टार पावर को बढ़ाने का काम किया। इन्हीं वर्षों के दौरान सिद्धू मूसेवाला ने खुद को एक पंजाब रैप के संगीतकार के रूप में स्थापित करने पर काम करना शुरू किया। लेकिन जैसे-जैसे यह उद्योग अधिक आकर्षक होता गया इसने असामाजिक तत्वों का ध्यान भी आकर्षित करना शुरू कर दिया। पुलिस अधिकारी और पॉलीवुड के कई अंदरूनी लोग निजी तौर पर स्वीकार करते हैं कि पंजाबी फिल्म उद्योग का विकास सीधे तौर पर पंजाब में आपराधिक गतिविधि, नशीली दवाओं की तस्करी और लत के बढ़ने से जुड़ा है। ऐसा माना जाता है कि नशीली दवाओं के व्यापार से प्राप्त भारी रिटर्न ने फिल्म और संगीत उद्योगों में अपना रास्ता बनाया।

फरवरी 2017 में मुंबई पुलिस के एंटी नारकोटिक्स सेल एएनसी ने दो पंजाबी फिल्मों को फाइनांस करने के लिए ड्रग मनी का उपयोग करने के आरोप में एक पंजाबी फिल्म निर्माता को गिरफ्तार किया था।[9] उसने कथित तौर पर पांच किलोग्राम मेफेड्रोन की आपूर्ति की थी। मेफेड्रोन को म्याऊं-म्याऊं भी कहा जाता है। इसकी कीमत लगभग एक करोड़ थी। मुंबई में ड्रग का कारोबार करने वाले एक गिरोह को डेढ़ करोड़ और फरवरी 2020 में गुजरात के एक बंदरगाह से 450 किलोग्राम हेरोइन की खेप के सिलसिले में एक पंजाबी फिल्म अभिनेता और कुछ निर्माताओं को गिरफ्तार किया गया था। भारत के प्रवर्तन निदेशालय ने मनी लॉन्ड्रिंग और अवैध वित्तीय लेनदेन की जांच करते हुए दावा किया गया कि आरोपियों ने पंजाबी फिल्म और संगीत उद्योगों में पैसा लगाया था।[10] वर्ष 2014 के बाद से ऐसे कई अलग-अलग कई मामले सामने आए।

जाहिर है बड़े पैमाने पर नशीली दवाओं की तस्करी को राजनीतिक और पुलिस संरक्षण प्राप्त है। साल 2014 और 2017 के बीच पंजाब में सौ से अधिक पुलिस अधिकारियों को तस्करों की मदद करने के आरोप में गिरफ्तार किया गया और सेवा से बर्खास्त कर दिया गया।[11]

राजनेताओं विशेषकर शिअद के तस्करों को संरक्षण देने और 2017 और 2022 के विधानसभा चुनावों के साथ-साथ 2014 लोकसभा चुनाव एक राजनीतिक मुद्दा रहा है।[12] वर्ष 2019 के दौरान पंजाब में संगीत उद्योग में 450 से अधिक रजिस्टर्ड संगीत लेबल हैं, जो हर दिन लगभग बीस से पच्चीस गाने जारी करते हैं। इस दौरान 2021 में पॉलीवुड ने पांच हजार से अधिक संगीत वीडियो जारी किए। नई दिल्ली के डीसीपी स्पेशल सेल प्रमोद कुशवाहा गैंगस्टरों और पंजाबी फिल्म और संगीत उद्योगों के बीच संबंध पर जोर देते हैं। जबरन वसूली और सुरक्षा धन अब एक स्वीकार्य प्रथा है। जिसमें अंडरवर्ल्ड अपना हिस्सा चाहता है। हिंसा की संस्कृति भी पंजाबी संगीत का एक अभिन्न अंग बन गई है। गैंगस्टर्स अपने तौर-तरीकों से इस हिंसा को जायका बनाने पर तुले हैं।[13]

पुलिस अधिकारियों ने स्वीकार किया है कि जबरन वसूली और हिंसा के मामलों की बढ़ती संख्या सितारों और अंडरवर्ल्ड के बीच निकटता के कारण है। यह सांठगांठ प्रभावी है क्योंकि संगीत उद्योग गैंगस्टरों के लिए सफेद धन का एक आसान स्रोत है। एक या दो गानों के कॉपीराइट के बदले में गैंगस्टर अपनी सुरक्षा पेश करते हैं।

पंजाब में छात्रों का गिरोहों के साथ जुड़ाव अक्सर कॉलेज स्तर पर शुरू होता है। गिरोह के सदस्य गायकों के प्रशंसक होते हैं और वे शुरू में उन्हें निर्माताओं से समय पर भुगतान करवाने में मदद करते हैं। उत्पादकों से उनका भुगतान समय पर हो जाता है।

इस मामले में देश भर में दो सौ से अधिक संगीत लेबल के हितों का प्रतिनिधित्व करने वाले सारेगमा के प्रबंध निदेशक और भारतीय संगीत उद्योग के व्यापार निकाय के वर्तमान अध्यक्ष विक्रम मेहरा का बयान काबिलेगौर है। वह बताते हैं, 'भारत के संगीत उद्योग का वर्तमान

बजट लगभग तेरह सौ करोड़ का है। इसमें से पंजाबी संगीत उद्योग का वार्षिक कारोबार लगभग दो सौ करोड़ रुपये का है। इसके अलावा पांच सौ करोड़ रुपये लाइव शो के हैं। इस प्रकार भारत के स्वतंत्र संगीत उद्योग में पंजाबी संगीत की सबसे बड़ी हिस्सेदारी लगभग सात सौ करोड़ रुपये की है जो कि तेलुगु संगीत उद्योग के आकार का लगभग पांच गुना है। यह इस श्रेणी का दूसरा सबसे बड़ा बाजार है।[14]

*हिंदुस्तान टाइम्स* के वरिष्ठ पत्रकार संजीव झा लिखते हैं कि पंजाब में कार्यरत इंटेलिजेंस ब्यूरो आईबी के एक अधिकारी के अनुसार पंजाबी संगीत उद्योग में काले धन के शामिल होने की संभावना है।

काले धन का प्रवाह गैंगस्टरों को कलाकारों और निर्माताओं से जबरन वसूली के लिए आकर्षित करता है। ठग लाइफ और गोल्ड मीडिया (इन दोनों का खुलासा पंजाब पुलिस की कार्रवाई के दौरान हुआ था) जैसी कई म्यूजिक कंपनियां सीधे तौर पर विदेशों में गैंगस्टरों द्वारा चलाई जा रही हैं। बकौल आईबी अधिकारी गैंगस्टर इन म्यूजिक कंपनियों में जबरन वसूली का पैसा निवेश कर रहे हैं।[15]

संगीत लेबल ठग लाइफ और गोल्ड मीडिया एक अन्य पुलिस जांच में शामिल हैं। अगस्त 2021 में मोहाली पुलिस ने परमीश वर्मा पर हमला करने और अभिनेता गायक गिप्पी ग्रेवाल को धमकी देने के आरोप में तीन लोगों को पकड़ा। ये तीनों दविंदर बंबीहा गिरोह से संबंधित थे। इस गैंग का मुखिया लक्की पटियाल अर्मीनिया में है। जबकि पंजाब की जेल में बंद सुखप्रीत बुड्ढा जेल से गैंग चला रहा है। मोहाली के पूर्व एसएसपी सतिंदर सिंह बताते हैं बंबीहा गिरोह उद्योगपतियों को फोन पर धमकी देकर उनसे पैसे वसूलने में शामिल रहा है। इसने दो संगीत कंपनियों ठग लाइफ और गोल्ड मीडिया में भी पैसा निवेश किया है।

पॉलीवुड में ड्रग, पैसे और गैंगस्टरों के प्रभाव के इस अपवित्र गठजोड़ के बीच ही सिद्धू मूसेवाला ने अपने पंख फैलाने की ठानी थी।

इसी विवादास्पद संगीत लेबल ठग लाइफ और गोल्ड मीडिया का उसके करियर पर असर पड़ा। उसकी मौत के बाद जांच से पता

चला कि पॉलीवुड पर नियंत्रण के लिए एक-दूसरे को मारने वाले गिरोह के सदस्यों की रस्साकशी में वह फंस गया था।

उसे जानने वाले कई लोगों का कहना है कि कई पंजाबी युवाओं की तरह मूसेवाला भी डॉलर कमाने के अपने सपनों को पूरा करने के लिए कनाडा गया था। मगर वहां पहुंच कर वह बदल गया था। कनाडा जाने के इच्छुक पंजाबी नौजवानों का मानना है कि कनाडा एक खूबसूरत आज़ाद ख्याल मुल्क है। जहां उनके माता-पिता की कोई रोक-टोक नहीं है। महानगरों से बाहर पले-बढ़े अधिकांश युवा भारतीयों के लिए देर रात की पार्टियां, अधिकारिक तारीखें और लिव-इन रिलेशनशिप अभी भी वर्जित हैं। पंजाब सरकार के रिकॉर्ड के अनुसार हर साल औसतन एक लाख युवा विदेश पलायन करते हैं। कई लोगों के लिए पंजाब में रोजगार के अवसरों की कमी भी इसका एक प्रमुख कारण है। फरवरी 2020 में अप्रवासन शरणार्थी और नागरिकता कनाडा के संचालन निदेशक क्रिस्टोफर केर बताते हैं, 'पिछले कुछ बरसों में कनाडा में प्रवास करने वाले भारतीय युवाओं में लगभग चार सौ प्रतिशत की वृद्धि हुई है। इस संख्या का लगभग साठ प्रतिशत भाग पंजाब का है।'[16]

शुभदीप ऐसे कई युवाओं में से एक था जो बेहतर जीवन के लिए कनाडा गया था। वह ब्रैम्पटन में बस गया और कनाडा में रोजगार के लिए पात्र बनने के लिए उसने इंजीनियरिंग में एक बेहतरीन शिक्षा के लिए अपना पंजीकरण कराया। कनाडा में पंजाबियों की आबादी 2.3 प्रतिशत है और उनमें से अधिकांश सरे या ब्रैम्पटन में रहते हैं।

उसकी हत्या के बाद पुलिस की जांच, उसके माता-पिता और दोस्तों के साथ साक्षात्कार, मीडिया रिपोर्टस और यूट्यूब पर वीडियो के अनुसार मूसेवाला को ब्रैम्पटन के डिस्को और संगीत क्लबों में एक रैप कलाकार के रूप में जाना जाता था।

उसका पहला गाना *लाइसेंस* हिट हो गया और उसे एक नए गीतकार के रूप में जाना जाने लगा। जैसे-जैसे उसे लोकप्रियता मिली

उसकी दोस्ती दीप जंडु, ऐली मांगट, सनी माल्टन, बिग बर्ड और करण औजला जैसे बड़े कलाकारों से हो गई।

अगले वर्ष तक उसकी लोकप्रियता और अधिक बढ़ गई। ब्रैम्पटन में उसके कुछ उद्यमशील मित्रों ने बंदूक ग्रुप का गठन किया था। इन लोगों ने एक म्यूजिक कंपनी बनाई। जिसका नाम थर्टीन म्यूजिक रिकॉड्र्स रखा गया। फरवरी 2017 में मूसेवाला ने *जी वैगन* गाया जिसे अभिनेता-गायक गिप्पी ग्रेवाल के स्वामित्व वाले रिकॉर्ड लेबल हम्बल म्यूजिक ने जारी किया गया था। यह गाना जबरदस्त हिट हुआ। इसके बाद एक और बड़ा हिट आया *सो हाई*। जिसने मूसेवाला को सेलिब्रिटी का दर्जा दिला दिया। उसे 2017 में ब्रिट एशिया टीवी म्यूजिक अवॉर्डस में *सो हाई* के लिए सर्वश्रेष्ठ गीतकार का पुरस्कार मिला। सिद्धू मूसेवाला संगीत की दुनिया में चमक चुका था।[17]

मगर प्रशंसा और बढ़ती प्रसिद्धि के बावजूद सिद्धू और उसके दोस्तों को मुनाफा नहीं मिला, क्योंकि उन्हें डिस्ट्रीब्यूशन और मार्किटिंग की ज्यादा जानकारी नहीं थी। उन्हें पेशेवर मदद की जरूरत थी। तभी लुधियाना के कंवरपाल ग्रेवाल ने उनसे संपर्क किया। वह *ब्रैम्पटन ब्वायज* नाम के ग्रुप का मैंबर था।

उसने ज्योति पंधेर को अपने साथ जोड़ा और दोनों ने एक म्यूजिक लेबल जट्ट-लाइफ रिकॉड्र्स बनाया और मूसेवाला के गानों को अपने कब्जे में ले लिया। बंदूक ग्रुप को यह बात पसंद नहीं आई। एक तरह से यह एक नए रिकॉर्ड लेबल का सिद्धू के संगीत को नियंत्रित करने जैसा था। बात बढ़ गई और ब्रैम्पटन के एक बार में कंवर और अन्य लोगों के बीच खूनी संघर्ष शुरू हो गया। इसके चलते दोनों समूहों के खिलाफ पुलिस में मामला दर्ज किया गया। जिस वक्त विवाद हुआ उस वक्त सिद्धू मूसेवाला मौके पर मौजूद नहीं था। जट्ट-लाइफ के साथ हुए समझौते के मुताबिक मूसेवाला को अपने संगीत से तीस फीसदी रिटर्न मिलने वाला था।

ग्रुप ने अक्टूबर 2018 में अपने पहले एल्बम पीबीएक्स वन सहित कई गाने लॉन्च किए। एल्बम ने लगभग दो करोड़ रुपये कमाए।

लेकिन विदेश दौरों पर हुए खर्च का भुगतान करने के बाद सिद्धू को लगभग 30 लाख रुपये ही मिले। उसी वर्ष उसने अत्यधिक लोकप्रिय *जट्ट दा मुकाबला* रिलीज किया। इस गीत ने दुनिया भर के संगीत चार्टों को हिलाकर रख दिया। मूसेवाला को विश्व के संगीत समारोहों में आमंत्रित किया जाने लगा। लेकिन पैसों के मामले में वह अभी भी कुछ खास नहीं कमा पा रहा था।

अनुभव के साथ समझदार मूसेवाला को अहसास हुआ कि अगर मुनाफे का अधिकतम हिस्सा अपने पास रखना है तो उसे अपना खुद का लेबल लॉन्च करना होगा। वह ग्रेवाल और अन्य से अलग हो गया। इसके साथ ही मशहूर रिकॉर्ड लेबल सिद्धू मूसेवाला का जन्म हुआ। हालांकि जट्ट लाइफ रिकॉर्ड्स अपने सोने की मुर्गी को इतनी आसानी से जाने नहीं देना चाहता था।

जट रिकॉर्ड्स ने मूसेवाला के गाने जो उनके पास थे जारी कर दिए और मूसेवाला द्वारा रिलीज किए गए गानों पर कॉपी राइट क्लेम डाल दिया। इन कॉपी राइट्स को यूट्यूब पर कॉपी राइट हिट बोला जाता है। उन्होंने कुछ गाने जारी किए और सिद्धू के स्वतंत्र रूप से जारी किए शीर्षकों पर कॉपीराइट का दावा किया। इस समय तक मूसेवाला अपने गांव लौट आया था। अभी वह पुलिस या सरकार का खास होने से बहुत दूर था। उस पर बंदूक संस्कृति को प्रोत्साहित करने का आरोप लगाया जा रहा था। इसे मानसा जिला पुलिस का असहयोग कहें या जट्ट लाइफ रिकॉर्ड्स का प्रभाव लेकिन मूसेवाला अपने पिछले रिकॉर्ड लेबल के खिलाफ पुलिस में शिकायत तक दर्ज नहीं करवा सका। उसके संगीत लेबल ने अच्छा प्रदर्शन करना शुरू कर दिया था। लेकिन कॉपीराइट के उल्लंघन के कारण उसे उत्पीड़न का सामना करना पड़ा। उसे ऐसे गायकों का उदाहरण दिया गया जिन्हें कॉपीराइट और समझौतों के उल्लंघन के चलते बड़ा नुकसान उठाना पड़ा था।

फरवरी 2020 में मूसेवाला के पिता ने रोपड़ पुलिस जिले में कंवरपाल ग्रेवाल के खिलाफ मूसेवाला का गाना *एल चापो* लीक करने के आरोप में एफआईआर दर्ज करा दी। उन्होंने आरोप लगाया कि लीक

के कारण मूसेवाला को 70 लाख का नुकसान हुआ था। यह दिलचस्प था कि यह एफआईआर मूसेवाला के अपने जिले मानसा की बजाय रोपड़ जिले में दर्ज की गई। कैप्टन अमरिंदर सिंह के नेतृत्व वाली कांग्रेस सरकार मूसेवाला के गानों, वीडियो और जीवनशैली के कारण उसके प्रति कोई खास सहानुभूति नहीं रखती थी। शिकायत केवल रोपड़ के एक मित्रवत पुलिसकर्मी की मदद से ही दर्ज की गई थी।

मूसेवाला की हत्या की जिम्मेदारी लेने के बाद गोल्डी बराड़ ने वरिष्ठ पत्रकार रितेश लक्खी के यूट्यूब चैनल पर एक इंटरव्यू में संगीत लेबल ठग लाइफ और गोल्ड मीडिया के अलावा अर्शदीप नामक एक व्यक्ति का उल्लेख किया जो ये लेबल चला रहा था। अर्शदीप को बाद में गैंगस्टरों के जबरन वसूली रैकेट में मोहाली पुलिस ने पकड़ा था। पुलिस ने उसके म्यूजिक लेबल पर भी प्रतिबंध लगा दिया। पुलिस जांच के अनुसार ठग लाइफ और गोल्ड मीडिया को गैंगस्टर लक्की पटियाल और सुखप्रीत बुड्ढा का समर्थन प्राप्त था।

हालांकि बाद में पुलिस ने इन्कवायरी में इन संगीत लेबलों को क्लीयर कर दिया पर प्रतिबंधित होने से पहले इस संगीत लेबल ने एक नए गायक का एक गाना जारी किया था। इसमें सिद्धू मूसेवाला था। पुलिस के साथ-साथ कुछ गायकों के अनुसार यह संगीत लेबलों का दुनिया को यह बताने का तरीका था कि सिद्धू मूसेवाला उनके संरक्षण में था। पुलिस अधिकारियों का यह भी दावा है कि गैंगस्टरों के एक सहयोगी पंजाब विश्वविद्यालय के पूर्व छात्र नेता ने मानसा से चुनाव लड़ रहे मूसेवाला के लिए सक्रिय रूप से प्रचार किया था। लेकिन मूसेवाला ने इन आरोपों की कभी भी पुष्टि नहीं की। अब उसके चले जाने से यह सत्य हमेशा के लिए अस्पष्ट हो जाएगा।

16

# न्याय की प्रतीक्षा

**31 अक्टूबर 2022**

बलकौर सिंह अपनी जिंदगी के 57 बरसों में इतने बूढ़े नहीं हुए जितने वो 29 मई की शाम को कुछ ही पलों में हो गए।

इन चार महीनों में उनका मजबूत शरीर सिकुड़ गया। आज वह अपने पिछले स्वरूप की छाया जैसे दिखते हैं। उनकी आंखों में जो दर्द झलकता है वह सिर्फ जवान बेटे को खोने का दर्द नहीं है बल्कि न्याय के इंतजार का भी है।

हालांकि तब से बहुत कुछ हो चुका है। पुलिस ने 20 जून को दो शूटरों प्रियव्रत और कशिश के अलावा तीसरे अंकित सेरसा को भी 2 जुलाई को गिरफ्तार कर लिया था। बाकी तीन में से दो पंजाबी शूटर जगरूप रूपा और माणु कूस्सा 22 जुलाई को तरनतारन में पंजाब पुलिस के साथ मुठभेड़ में मारे गए। उन शूटरों के शवों को दिखाने के लिए बलकौर को बुलाया गया। उन्होंने गोलियों से छलनी दोनों शवों को देखने के बाद मीडिया को कहा, 'यह तो होना ही था। मेरे जवान बेटे को छीन लिया था इन लोगों ने। लेकिन ये अंत नहीं है। अभी और भी चिताएं जलेंगी। मेरे बेटे की हत्या में और भी आरोपी शामिल हैं जो खुले घूम रहे हैं। ये तो सिर्फ मोहरे थे।'

छठा शूटर दीपक मुंडी शूटरों में गिरफ्तार होने वाला आखरी व्यक्ति था। उसे 11 सितंबर को दिल्ली और पंजाब के पुलिस अधिकारियों ने केंद्रीय एजेंसियों की मदद से भारत और नेपाल की सीमा के करीब गिरफ्तार किया था। उसका पुलिस से बचने का अपना ही अलग रिकॉर्ड था। तीन महीने और 13 दिनों तक गिरफ्तारी से बचने में कामयाब रहा था।

17 अक्टूबर को पंजाब पुलिस ने दो व्यक्तियों अवतार और जगतार को गिरफ्तार किया जो मूसेवाला के पड़ोसी थे।[1] उनका घर गायक की हवेली को सामने सड़क और खेतों के आगे था। पुलिस को दी गई शिकायत में बलकौर ने आरोप लगाया था कि अवतार और जगतार की संपत्तियों पर लगे सीसीटीवी कैमरे उनकी हवेली को निशाना बनाकर लगाए गए थे। शक था कि आरोपी बदमाश इन कैमरों के जरिए हवेली के बाहर की गतिविधियों पर नजर रख रहे थे।

लेकिन सबसे बड़ा झटका तो अभी आना बाकी था।

राज्य के प्रत्येक पुलिस जिले में उनके विशिष्ट क्षेत्राधिकार वाले कई पुलिस स्टेशन होते हैं। प्रत्येक पुलिस स्टेशन का नेतृत्व एक स्टेशन हाउस अधिकारी (एसएचओ) करता है। एसएचओ का एक-दूसरे के क्षेत्रों में अधिकार क्षेत्र नहीं होता। हर एक पुलिस ड्रिस्ट्रिक्ट में एक सेंट्रल इन्वेस्टिंगेशन एजेंसी यानि सीआईए होती है। सीआईए का सभी जिलों में अधिकार क्षेत्र है और वह प्रमुख अभियान और जांच करती है। यह पश्चिमी देशों में जासूसी और मानव दस्ते तैयार करने की तरह है। सीआईए विंग की प्राथमिक भूमिका होती है, आपराधिक गतिविधि की रोकथाम या समाधान। इस विंग का प्रभारी आमतौर पर इंस्पेक्टर या कुछ मामलों में सब इंस्पेक्टर रैंक का अफसर होता है। प्रभारी का चयन आमतौर पर एसएसपी या एसपी स्तर के अधिकारी ही करते हैं।

मानसा में मूसेवाला की हत्या के समय सीआईए प्रभारी थे इंस्पेक्टर प्रितपाल सिंह। सीआईए को संदिग्ध तत्वों पर नजर रखनी होती है। बतौर सीआईए इंचार्ज प्रितपाल इस मामले में गिरोह के सदस्यों के कई मॉड्यूल, गांव और मूसेवाला के घर के आसपास के क्षेत्र

का सर्वेक्षण करना जरूरी था। लेकिन यहां ध्यान देने वाली बात ये है कि सीआईए और लोकल पुलिस की मुस्तैदी के बावजूद इतना बड़ा कांड हो गया। इतने बड़े हत्याकांड के बाद सीआईए इंचार्ज, जिले के एसएसपी या लोकल एसएचओ का तबादला तक नहीं किया गया।

यह यहीं खत्म नहीं होता। जांच के दौरान मानसा पुलिस ने दीपक टीनू नाम के एक हरियाणा के गैंगस्टर को तिहाड़ जेल से स्थानांतरित किया और उसे मूसेवाला हत्याकांड में नामजद कर दिया। टीनू लॉरेंस बिश्नोई गैंग से संबंधित था।

पुलिस चालान में टीनू पर शूटरों को साजो-सामान मुहैया कराने का आरोप है। उसके बारे में कहा जाता है कि वह लॉरेंस बिश्नोई का करीबी है और उसका देश-विदेश में मजबूत नेटवर्क है। उसे गोइंदवाल जेल भेज दिया गया। इसके बाद 27 सितंबर को सीआईए मानसा उसे एक हत्या के मामले में पूछताछ के लिए वापस ले आई।

1 अक्टूबर की रात को वह मानसा सीआईए इंचार्ज प्रितपाल की हिरासत से भाग गया।[2] सब इंस्पेक्टर प्रितपाल सिंह को अगली सुबह गिरफ्तार कर लिया गया। उन पर मानसा पुलिस ने आरोप लगाया कि वह टीनू को अपने घर ले गया था जहां उन्होंने शराब पी थी।[3] टीनू के साथ उसकी प्रेमिका जतिंदर कौर भी उस रात प्रितपाल के घर भी थी। पुलिस के मुताबिक दोनों को एक कमरे में छोड़ कर इंस्पेक्टर दूसरे कमरे में सोने चला गया था। रात को टीनू और उसकी प्रेमिका भाग निकले। पुलिस को उस लड़की को पकड़ने में दस दिन लगे। मुंबई में पकड़े जाने के बाद उसने पुलिस को बताया कि टीनू मालदीव भाग गया है।

एक बार फिर दिल्ली पुलिस दीपक टीनू को गिरफ्तार करने में सफल रही। एचजीएस धालीवाल के नेतृत्व में एक ऑपरेशन में उनकी टीम ने टीनू को 19 अक्टूबर को राजस्थान के अजमेर से गिरफ्तार कर लिया।

लेकिन यह पंजाब पुलिस के लिए शर्मिंदगी का अंत नहीं था। चंडीगढ़ और मोहाली पुलिस ने मोहित अग्रवाल नाम के व्यक्ति को

प्रितपाल के पकड़े जाने के बाद गिरफ्तार किया गया। उसने पूछताछ में खुलासा किया कि वह इंस्पेक्टर प्रितपाल सिंह को कई बार चंडीगढ़ में शॉपिंग के लिए ले गया था। जहां उसने प्रितपाल को होटल में ठहराने की व्यवस्था की थी। उसके लिए लड़कियों का इंतजाम किया था।

खबरों के मुताबिक ये घटना जुलाई महीने की है। उस समय शूटर रूपा और माणु कूस्सा फरार थे और दीपक मुंडी की गिरफ्तारी भी अभी तक नहीं हुई थी।

मोहित के खुलासों के बाद एक मीडिया कॉन्फ्रेंस में बलकौर ने सवाल किया, 'पंजाब पुलिस के अफसरों का लॉरेंस बिश्नोई गिरोह के सदस्यों को शराब पिलाने और ऐश करवाने का क्या मतलब हो सकता था? उसे खरीदारी के लिए बाहर क्यों ले जाया जा रहा था? सरकार अपराधियों को जेलों के अंदर सारी सुविधाएं मुहैया करा रही है। न्याय की कोई उम्मीद नहीं है, हम पूरे राज्य में कैंडल मार्च निकालेंगे, परिवर्तन कहां है? आम आदमी पार्टी क्या राज्य में यह परिवर्तन ला रही थी। जिसके बड़े-बड़े दावे किए गए थे।

'मैं यह नहीं कह रहा कि इंस्पेक्टर मेरे बेटे की हत्या में शामिल है लेकिन वह अपनी पुलिस ड्यूटी के अलावा कुछ अन्य ही गतिविधियों में था ये तो साफ ही है।

'जो लोग मेरे बेटे की हत्या में शामिल थे उन्हें गिरफ्तार कर लिया गया है, लेकिन मास्टरमाइंड अभी तक परदे के पीछे हैं। अभी तक उनकी पहचान नहीं की गई है। बलकौर ने कहा, मुझे यह घोषणा करते हुए दुख हो रहा है कि मैं जल्द ही अपनी पत्नी के साथ देश छोड़ दूंगा। क्योंकि हमें यहां न्याय की कोई उम्मीद नहीं है।'

## 17

# वह सब जो बस यहीं रह गया है

**1 मई 2023**

पहले सुबह उठते ही बलकौर के पांव उन्हें अपने लाडले के कमरे की तरफ ले जाते थे। यह एक रूटीन बन गया था सांस लेने जैसा। सिद्धू मूसेवाला कई बार देर से उठता था। रात के सन्नाटे में वह अपने गीतों पर काम करता था और सूरज उगने के काफी देर बाद जागता था।

दिसंबर 2022 में बलकौर उठकर पहले अपने बेटे की थार के पास जाने लगे थे। उनके बेटे की तरह उस पर भी कई गोलियां लगी थीं। बलकौर इसे धीरे से साफ करने की कोशिश करते हैं जैसे अपने बेटे के घावों को सहला रहे हों।

ये कार उनके लाडले की लास्ट राइड का अहम हिस्सा थी। कुछ दिनों पहले ही थार कोर्ट से सुपुर्ददारी में वापस मिली थी। गोलियों से चकनाचूर हो चुकी थार की विंडशील्ड को उन्होंने रिप्लेस नहीं करवाया है। उन्होंने इसे पुलिस और सरकार के लिए एक यादगार के तौर पर वैसे ही रखा है। इसके घाव अभी तक खुले हैं। बलकौर कहते हैं कि असली हत्यारे अभी भी पहचाने नहीं गए हैं।

कार की देखभाल के बाद बलकौर मानसा-तलवंडी साबो रोड के पार गांव से लगभग चार सौ मीटर दूर सिद्धू मूसेवाला की मूर्ति के पास जाते हैं। ये उनका कमोबेश रोजमर्रा का नियम बन गया है।

फरवरी 2023 के आते-आते बलकौर को बिस्तर से बाहर निकलने के लिए अपनी सारी ताकत जुटानी पड़ती है। उन कसाईयों द्वारा उनके बेटे की हत्या के बाद से उनकी दूसरी बार एंजियोप्लास्टी हुई है। डॉक्टरों ने उनकी धमनियों को साफ किया और एक स्टेंट डाला है।

डॉक्टरों ने कहा है कि स्टेंट रक्त प्रवाह में सुधार करेगा। लेकिन क्या यह मेरे दिल के हर पल निकलने वाले दुख और आह को हटा सकता है? 'क्या मेरा दिल फिर कभी सामान्य रूप से धड़क सकेगा?' बलकौर अपनी पत्नी से पूछते हैं। चरण जो उनके लिए सुबह-सुबह चाय लाई है कप को बेडसाइड टेबल पर रख कर उन्हें ऊपर उठाने में मदद करने के लिए आगे बढ़ती हैं।

'*तुस्सी काहली ना करो डॉक्टर ने हौली-हौली उठण नुं किहा है,*' वह कहती हैं। (इतनी जल्दी मत उठो। डॉक्टरों ने तुम्हें धीरे-धीरे उठने को कहा है।)

'मैं आज जनता से मिलना चाहता हूं।' बलकौर जवाब देते हैं, 'हमने कई रविवार मिस कर दिए।' वह दोबारा बैठने और चाय का एक छोटा घूंट लेने से पहले कुछ कदम चलते हैं। जब से क्रूर नियति ने उनके इकलौते बेटे को छीना है तब से लगभग हर रविवार को इस दंपति ने आगंतुकों के लिए अपनी हवेली के दरवाजे खोल दिए हैं जो ज्यादातर मूसेवाला के प्रशंसक हैं।

चरण धीरे से उनकी पीठ सहलाते हुए बहुत सहज भाव से कहती हैं, 'आप आराम करो जी, अब मेरे पास तुम्हारे अलावा कोई नहीं है, आपको तब तक आराम करना चाहिए जब तक आप अपनी ताकत हासिल नहीं कर लेते। यह एक लंबी लड़ाई है, लेकिन हमें इसे जारी रखना होगा।' वह अपनी सिसकियों को नियंत्रित करते हुए मज़बूती से बोलने की कोशिश करती हैं।

अपने बेटे की मौत के बाद एक दिन भी ऐसा नहीं बीता जब दंपति ने न्याय के लिए गुहार न लगाई हो। बलकौर ने इस आरोप को लेकर पंजाब के डीजीपी गौरव यादव से कई बार मुलाकात की। उनके बेटे को खत्म करने की साजिश के पीछे कुछ सिंगरों और संगीत

निर्माताओं के नाम बताए। 'गैंगस्टर इन संगीतकारों के हाथों के उपकरण हैं। लेकिन कोई भी उन्हें नहीं पकड़ रहा,' बलकौर ने पुलिस को दी अपनी शिकायत में कहा था। उन्होंने राष्ट्रीय जांच एजेंसी (एनआईए) के सामने भी यही बात दोहराई है। अन्य बातों के अलावा, एनआईए कबड्डी मैचों, संगीत शो और फिल्मों के माध्यम से भारत में भेजे गए आतंकी फंड की जांच करती है। एनआईए ने कई पंजाबी गायकों और संगीत निर्माताओं से गैंगस्टरों के साथ उनके कथित संबंधों पर पूछताछ भी की है, मगर हाल फिलहाल अभी तक किसी को गिरफ्तार नहीं किया गया है।[1] हालांकि एजेंसी ने अधिकारिक तौर पर मूसेवाला मामले को नहीं लिया है।

1 सितंबर 2022 को मीडिया रिपोर्टों में कहा गया कि मूसेवाला की हत्या के शीर्ष आरोपियों में लॉरेंस बिश्नोई के छोटे भाई और भतीजे अनमोल बिश्नोई और सचिन थापन बिश्नोई को केन्या और अजरबैजान में हिरासत में लिया गया था।[2] सचिन और अनमोल को निशानेबाजों को साजो-सामान और मदद मुहैया करने के लिए कथित तौर पर गिरफ्तार किया गया था। लेकिन दोनों संदिग्ध भारत छोड़ने में कैसे कामयाब हुए? किसी के पास इसका कोई जवाब नहीं है।

पुलिस ने कहा कि उन्होंने नकली पासपोर्ट का इस्तेमाल किया। लेकिन क्या हत्या के मामले में संदिग्धों के लिए नकली दस्तावेजों के आधार पर भागना क्या वाकई इतना आसान था। आखिर कोई तो उनकी मदद कर रहा था? मगर सवाल पैदा होता है कौन। ऐसे कई सवाल बलकौर को परेशान करते रहते हैं।

आगे और भी चौंकाने वाली खबरें आने वाली थीं। इस बीच 19 अप्रैल 2023 को अनमोल बिश्नोई को कैलिफोर्निया में एक शादी में डांस करते हुए देखा गया। उसी शादी में पंजाबी गायक करण औजला और शेरी मान अपने गाने गा रहे थे।[3] अनमोल का वीडियो जिसे केन्या में हिरासत में माना जा रहा था वह वायरल हो गया था। बलकौर ने एक वीडियो में कहा, 'अगर उसे हिरासत में लिया गया था तो वह अमेरिका कैसे पहुंच सकता था और वह करण औजला वाले कार्यक्रम में क्या

कर रहा था?[4] जिसके साथ मेरे बेटे का झगड़ा हुआ था। ऐसा लगता है कि हमारे अलावा बाकी सभी के पास कुछ भी करने की ताकत है।'

करण औजला ने बाद में एक बयान जारी कर खुद को इस विवाद से अलग कर लिया। उसने कहा, 'वह और शैरी मान दोनों को एक शादी में म्यूजिक प्रोग्राम के लिए बुक किया गया था। उसे पता नहीं था कि शादी में कौन-कौन मेहमान थे।' उसने जोर देकर कहा था, 'उसे उस संदिग्ध आदमी के बारे में पता भी नहीं था जिसे उसके शो में डांस करते देखा गया था।'

मार्च 2023 में बलकौर अपने बेटे की बरसी मनाने की तैयारी कर रहे थे। 'हमारी संस्कृति में पहली बरसी बारह के बजाय दस महीने बाद मनाई जाती है। इसलिए एक बड़े कार्यक्रम की घोषणा की गई। उम्मीद थी कि इसमें लाखों लोग, गणमान्य व्यक्ति, राजनीतिक नेता, अभिनेता और संगीतकार शामिल होंगे। राज्य सरकार ने कानून और व्यवस्था की समस्याओं के डर से हमें एक छोटा कार्यक्रम करने के लिए मनाने की कोशिश की। मैंने उनसे कहा कि पहले असली हत्यारों को पकड़ें और उन्हें भी जिन्होंने मेरे बेटे की सुरक्षा वापसी का विवरण मीडिया में लीक किया था।' बलकौर ने जवाब दिया।

फिर 14 मार्च को एबीपी न्यूज[5] के संपादक जगविंदर पटियाल के साथ लॉरेंस बिश्नोई का फोन इंटरव्यू आया। जाहिर तौर पर साक्षात्कार जेल से किया गया था। क्योंकि लॉरेंस मूसेवाला के घर से केवल 60 किलोमीटर दूर हाई सिक्योरिटी बठिंडा जेल में था। प्रसारित किए गए वीडियो में लॉरेंस की बढ़ी हुई दाढ़ी थी और उसे शांति से अपना पक्ष बताते हुए सुना जा सकता था। उसने अपने अपराधों के बारे में सीधे शब्दों में बात की और ऐसा लग रहा था कि उसे कोई पछतावा नहीं था।

जब वीडियो प्रसारित हुआ तो सरकार को शर्मिंदा होना पड़ा। इस बात पर सवाल उठे कि साक्षात्कार इतनी साफ आवाज और बेहतरीन वीडियो गुणवत्ता का इंतजाम कैसे किया जा सकता था। खासकर तब जब लॉरेंस एक हाई सिक्योरिटी जेल में था, जहां कथित तौर पर कोई मोबाइल नेटवर्क उपलब्ध नहीं था।

पंजाब के डीजीपी गौरव यादव और अतिरिक्त पुलिस महानिदेशक एडीजीपी जेल बी चंद्रशेखर ने चंडीगढ़ में एक संवाददाता सम्मेलन में दावा किया कि जब इंटरव्यू रिकॉर्ड किया गया तो लॉरेंस पंजाब में नहीं था। लॉरेंस को राजस्थान जेल से बठिंडा जेल में स्थानांतरित कर दिया गया था। ये इंटरव्यू राजस्थान की जेल से ही आयोजित किया जा सकता था। साथ ही डीजीपी ने तर्क दिया कि उसके पास कॉलर वाली पीली टी-शर्ट नहीं थी, जो उसने इंटरव्यू के दौरान पहनी थी और उसने लंबी दाढ़ी रखी हुई है। जबकि जब उसे हमारी टीम राजस्थान जेल से लाई तो उसने अपनी दाढ़ी साफ करवा ली थी।

17 मार्च को उसी पत्रकार के साथ लॉरेंस का एक और इंटरव्यू उसी चैनल पर फिर से प्रसारित किया गया। इस बार उसने बिल्कुल वैसे ही कपड़े पहने हुए थे, जैसे पंजाब डीजीपी द्वारा जारी की गई तस्वीरों में दिख रहे थे। यह इंटरव्यू पंजाब पुलिस के लिए सीधी चुनौती थी। इंटरव्यू कैसे लिया गया इसकी जांच के आदेश दिए गए। वीडियो में लॉरेंस यह कहते हुए सुनाई देता है कि जेल में सब कुछ संभव है, 'हम जिस सुरक्षा का उपयोग करते हैं उसमें कुछ खामियां हैं।' वह हंसते हुए स्वीकार करता है।[6]

बलकौर को लगता है कि इंटरव्यू और उसका प्रसारण समय जानबूझकर तय किया गया। उनका मानना है कि इसका मकसद सिद्धू की छवि खराब करना था।

वैसे बात दिलचस्प जरूर है। एक प्रमुख मीडिया चैनल के पास फोन साक्षात्कार के लिए लॉरेंस तक की पहुंच थी। फिर सिर्फ लॉरेंस बिश्नोई का ही इंटरव्यू क्यों? पंजाब की जेलों में कई और गैंगस्टर भी हैं। क्यों किसी पत्रकार ने कभी लॉरेंस के प्रतिद्वंद्वी बंबीहा गिरोह के पंजाब की जेलों में बंद सदस्यों का इंटरव्यू नहीं किया। लॉरेंस को ही अपनी बात रखने का मौका क्यों दिया गया?

संयोगवश सिद्धू मूसेवाला की बरसी से एक दिन पहले पंजाब पुलिस ने खालिस्तानी समर्थक अमृतपाल सिंह पर बड़े पैमाने पर कार्रवाई शुरू कर दी। पूरे राज्य को सील कर दिया गया और इंटरनेट सेवाएं

निलंबित कर दी गईं। अमृतपाल की टीम के आठ प्रमुख सदस्यों समेत दो सौ से अधिक लोगों को गिरफ्तार किया गया। लेकिन अमृतपाल भागने में सफल रहा। पुलिस कार्रवाई और इंटरनेट सेवाओं के निलंबन का दुष्परिणाम यह हुआ कि कई लोग मूसेवाला की बरसी के लिए मूसा गांव नहीं पहुंच सके। बलकौर ने अफसोस जताया। यहां तक हुआ कि अपने बेटे को दी गई श्रद्धांजलि को उसके प्रशंसकों के लिए लाइव स्ट्रीम भी नहीं कर सके।

जैसे-जैसे मई का महीना करीब आता है अधिक से अधिक प्रशंसक अपने नायक और उसके माता-पिता को सम्मान देने के लिए आने लगते हैं।

बलकौर और चरण प्रशंसकों और शोक मनाने वालों से मुलाकात वाले दिन के लिए खुद को तैयार करते हैं। हवेली के बाहर लोग माता-पिता के दर्शनों के लिए और अपने प्रिय गायक के घर को करीब से देखने के लिए इकट्ठा होते हैं। भीड़ में दोस्त, रिश्तेदार, ग्रामीण और कई उत्साही प्रशंसक शामिल होते हैं जो अपनी संवेदना व्यक्त करने, एकजुटता दिखाने, मूसेवाला की प्रतिमा के सामने झुकने और सेल्फी लेने के लिए आते रहते हैं। कई मीडिया टीमें भी नियमित रूप से गेट के बाहर इंतजार करती रहती हैं।

भीड़ में कश्मीर के अनंतनाग की रुखसाना भी शामिल है, 'मूसेवाला हमारे दिल में है। उसने उन लोगों के लिए गाया जिनकी आवाजें दबा दी गई,' वह *295* की कुछ पंक्तियां गुनगुनाते हुए कहती हैं।

कश्मीर घाटी में सामान्य स्थिति को चित्रित करने के लिए डल झील के पास भारतीय सुरक्षा एजेंसियों और पंजाबी गायकों द्वारा आयोजित एक सांस्कृतिक उत्सव जश्न-ए-कश्मीर में इस गीत पर रुखसाना और उसकी सहेलियां बहुत रोई थीं।[7] सिंगर और मूसेवाला के

फाइनैंशियल मैनेजर बंटी बैंस के अनुसार यह संगीत कार्यक्रम था तो पंजाबी नाइट मगर ये मूसेवाला म्यूजिक नाइट बन गया।

वे कहते हैं, 'जनता चाहती थी कि हम केवल सिद्धू भाई के गाने ही गाए। सबसे अधिक मांग *295* गाने की ही थी। इस गाने के बोलों में एक निश्चित आक्रोश है, जिससे हर कोई जिसकी आवाज दबा दी गई है इससे जुड़ा हुआ महसूस करता है।'

मेरठ से मोनी यादव और इलाहाबाद से सुशील कुमार भी उन सैकड़ों आगंतुकों में से हैं जो देश के विभिन्न हिस्सों से हवेली में आए हैं। वे मूसेवाला के घर जाने से पहले सबसे पहले उसकी प्रतिमा के दर्शन करते हैं।

हरियाणा के चार और राजस्थान के गंगानगर के दो बाइकर्स का एक ग्रुप भी जवाहरके गांव में उस स्थान पर जाता है जहां गायक को गोली मारी गई थी। बाइकर्स दूसरों को यह कहानी बताते हैं कि कैसे मूसेवाला को सड़क में मार दिया गया था। फाइबर ग्लास की एक शीट स्कूटर साइकिल पंचर लगाने वाली दुकान की दीवार पर लगे गोलियों के निशान को ढक चुकी है। मूसेवाला के प्रशंसक सफेद रंग में घिरे और फाइबर ग्लास में फ्रेम किए गए गोलियों के निशान की सेल्फी और तस्वीरें लेते हैं। दीवार पर मूसेवाला की कई तस्वीरें भी लगी हुई हैं।

एक तस्वीर में बाएं हाथ में माइक थामें वह स्टेज पर परफॉर्म कर रहा है। उसके दाएं हाथ की मुट्ठी की तर्जनी आसमान की ओर इशारा करती है। दूसरी तस्वीर उसके एक वीडियो के सीन की है।

'यह एक तीर्थस्थल है,' मोनी यादव कहते हैं जबकि बाकी लोग सहमति में सिर हिलाते हैं। माल बेचने वाले कई स्टालों में से एक से उन्होंने मूसेवाला की तस्वीरें छपी दो टी-शर्ट खरीदी हैं। टी-शर्ट, बंदना, पोस्टर, कप और कुछ भी जिस पर वे उसकी तस्वीर चिपका सकते हैं स्टालों पर बिक्री के लिए यहां सब कुछ है।

मूसेवाला के चमकते चेहरे वाले पोस्टरों में कहा गया है। 'लीजेंड कभी नहीं मरते।' मूसेवाला के माता-पिता से मिलने के लिए हवेली के

अंदर जाने से पहले आगंतुकों को अपना नाम, पता, फोन नंबर और वाहन नंबर दर्ज करना होता है।

---

अंदर पहरेदारों का एक और घेरा है। ये पंजाब पुलिस के कमांडो और एसओजी के सदस्य हैं जिन्हें मूसेवाला के माता-पिता की सुरक्षा के लिए तैनात किया गया है।

कोई भी यह सोचे बिना नहीं रह पाता कि अगर पुलिस ने मूसेवाला के जीवन पर खतरे को गंभीरता से लिया होता और ऐसा ही उचित सुरक्षा कवर प्रदान किया होता तो शायद वह अभी भी जीवित होता अपने प्रशंसकों के लिए चार्ट-टॉपिंग नंबर जारी कर रहा होता।

घर के अंदर रुखसाना मूसेवाला की मां चरण कौर से लिपट कर फूट-फूट कर रोने लगती है। वह बलकौर को गले लगाते हुए चिल्लाती है, 'बहुत बुरा हुआ'। वह एक करीबी रिश्तेदार की तरह उनसे चिपकी रहती है। जब बलकौर अपने बेटे के प्रशंसकों से मिलते हैं तो उन्हें पूरे दिन ऐसे कई लोग गले मिलते हैं। प्रशंसक उनकी तस्वीरें लेते हैं। उनसे बात करते हैं और उनके पारस्परिक नुकसान पर संवेदना व्यक्त करते हैं।

'आप सभी मेरी असली ताकत हैं और आशा की वजह भी,' बलकौर कहते हैं, 'आपने हमें जो प्यार दिया है वह हमें जिंदा रखता है।' वृद्ध माता-पिता हाथ जोड़कर सभी से मिलते हैं, गले मिलते हैं और लगातार रोने वालों के सिर और कंधों को धीरे से थपथपाते हैं।

एक घंटे से भी कम समय के बाद बलकौर को अपनी आवाज में एक नई ताकत महसूस होती है। निराशा और कमजोरी भूली हुई सी लगती है। वह सैकड़ों प्रशंसकों के जरिए ऊर्जावान दिखाई देते हैं।

'हमारे प्रिय शुभदीप को राक्षसों द्वारा छीने हुए कितने महीने बीत चुके हैं। लेकिन फिर भी पुलिस हत्या के लिए जिम्मेदार असली अपराधियों को पकड़ने या उनकी पहचान करने में भी असमर्थ रही है। हां उनके पास लॉरेंस है। लेकिन उन लोगों का क्या जिन्होंने लॉरेंस को

मारने के लिए कहा, मैं विश्वास नहीं कर सकता कि गैंगस्टरों ने अपने आप ऐसा किया होगा। इसके पीछे बड़ी ताकतें हैं। यह एक मजाक ही है कि मुख्यमंत्री भगवंत मान ने अपनी पत्नी की चौबीसों घंटे सुरक्षा के लिए पंजाब पुलिस से चालीस गार्ड तैनात कर दिए।[8] मगर मेरे बेटे का सुरक्षा कवर कम कर दिया। क्या यही आम आदमी पार्टी की सरकार है, उनके प्रवक्ताओं और मीडिया संचालकों ने दावा किया कि वे पंजाब में वीआईपी संस्कृति को समाप्त कर रहे हैं। लेकिन क्या इन महीनों में पंजाब में वीआईपी संस्कृति की परिभाषा बदल नहीं गई है,' पीड़ित पिता सवाल करते हैं।

'अगर सरकार यह पता लगाने में विफल रही कि मेरे बेटे को मारने के लिए गैंगस्टरों को रुपये किसने दिए तो मैं न्याय के लिए सड़क पर उतर जाऊंगा। अपने बेटे की आखरी सवारी के क्षणों को फिर से जीने के लिए मैं उसी थार की सवारी करूंगा जिसे उसने चलाया था। हमले में क्षतिग्रस्त होने के बाद मैंने कार की टूटी हुई विंडशील्ड को नहीं बदला है। मैं इसे बिना छत के उसी रास्ते पर चलाऊंगा इस उम्मीद में कि सरकार असली दोषियों के खिलाफ कार्रवाई करेगी। मैं तब तक चैन से नहीं बैठूंगा जब तक हत्यारे रूपा और माणु की तरह अपने अंजाम तक नहीं पहुंच जाते या उन्हें फांसी पर लटका नहीं दिया जाता।'

आसपास के लोग बलकौर के शब्दों से प्रभावित हो जाते हैं और सिख जयकारा लगाते हैं, '*जो बोले सो निहाल, सत श्री अकाल*।'

बलकौर शांत हो जाते हैं और कुछ और लोगों से घुल मिल जाते हैं। इस पुस्तक के लेखक से बात करते-करते वह अचानक उठते हैं और अपनी पत्नी से कहते हैं, 'मुझे आज जाकर खेतों को देखना चाहिए। पता नहीं गेहूं किस हालत में है। शुभ होता तो वही फसलों को देखता।' वह अपने आप से कहते हुए चले जाते हैं।

वह चले जाते है शाम को लौटने के लिए। नई दिल्ली से लैंडस्केप डिजाइनरों की एक टीम माता-पिता से मिलने और उन्हें मूसेवाला के स्मारक के लिए अलग-अलग डिजाइन दिखाने के लिए पहुंची है। चरण

डिजाइनरों से कहती हैं, 'यह एक शांतिपूर्ण जगह होनी चाहिए कुछ ऐसी जो आंखों को सुकून दे।'

जैसे ही सूरज ढलता है और घड़ी पांच बजाती है दोनों मायूस हो जाते हैं। दोनों अपने घर के लॉन के एक कोने में चुपचाप बैठ जाते हैं।

इस समय हर दिन उनका दिल डूब जाता है। लगभग इसी समय 29 मई को उनका बेटा घर से कह कर निकला था कि वो जल्दी ही वापस लौट आएगा।

# टिप्पणियां

## अध्याय 1—आखरी सफर

1. 'शूटिंग के दिन केकड़ा और निक्कू ने गोल्डी को वीडियो कॉल किया।'
   (https://www.indiatoday.in/india/story/sidhu-moose-wala-shot-dead-9th-attempt-bullet-proof-car-saved-him-1964706-2022-06-20).
2. 'पंजाबी बॉय नेचर-पंजाब गेम ऑफ थ्रोन्स।'
   (https://www.hindustantimes.com/punjab/punjabi-by-nature-punjab-s-game-of-thrones/story-sMx8HmSnOVDb3ALuwVQiAM.html).
3. मूसेवाला के वीडियो इंडिया अहेड की वीडियो क्लिप।
   https://www.youtube.com/watch?v=QoMnr-j2mwI (June 2022).

## अध्याय 2—सिर्फ एक रैप स्टार नहीं

1. 'मुख्यमंत्री भगवंत मान ने मूंग दाल के लिए न्यूनतम समर्थन मूल्य की घोषणा की।'
   (https://indianexpress.com/article/cities/chandigarh/punjab-cm-bhagwant-mann-announces-msp-on-moong-dal-7903858/).
2. '22 राज्यों के 200 से अधिक कृषि संघों ने राष्ट्रव्यापी सड़क नाकाबंदी का आयोजन किया।'
   (https://qz.com/india/1920840/a-timeline-of-the-months-long-farmer-protests-in-india).

3. पंजाब की तीन महिला कृषि प्रदर्शनकारियों की मौत।

   www.hindustantimes.com/cities/chandigarh-news/3-women-farm-protesters-from-punjab-killed-as-truck-hits-them-in-bahadurgarh-101635396705294.html.

4. मूसेवाला की फिल्म *मूसा जट्ट* कृषि कानूनों में प्रस्तावित बदलावों के खिलाफ किसानों के विरोध पर आधारित है। पोस्टर में उनका प्रतिष्ठित ट्रैक्टर 5911 दिखाया गया है।

   https://twitter.com/iSidhuMooseWala/status/1436527414843252737/photo/1

5. हत्या से ठीक पहले मूसेवाला के थार का सीसीटीवी फुटेज।

   https://www.youtube.com/watch?v=ba_DrahYZaY

6. मूसेवाला के शरीर पर मिले 19 गोलियों के निशानों की रिपोर्टस।

   (https://www.tribuneindia.com/news/punjab/19-wounds-found-on-body-report-400449)

## अध्याय 3—पिता

1. 'उसके दस मिलियन सब्सक्राइबर थे।'

   (https://www.hindustantimes.com/cities/chandigarh-news/singerpolitician-who-was-shrouded-in-controversy-101653854221963.html).

## अध्याय 4—धमकियां

1. 'मूसेवाला हत्याकांड में एक बाल मजदूर से गैंगस्टर बने शाहरुख का जीवन'

   (https://www.hindustantimes.com/cities/delhi-news/from-juvenile-labourer-to-gangster-life-of-shahrukh-a-suspect-in-the-moosewala-murder-101654452040106.html).

2. 'फोल्ड चैंपियन में आपका स्वागत है।'

   https://www.thequint.com/news/politics/sidhu-moose-wala-joins-congress-who-is-he.

3. 'क्राइम ब्रांच ने उसके खिलाफ चौथा केस दर्ज किया।'

   (https://timesofindia.indiatimes.com/city/ludhiana/despite-multiple-firs-moose-wala-evades-law/articleshow/77074744.cms)

4. 'सिद्दू मूसेवाला का इंटरव्यू यहां उपलब्ध है।'

https://www.youtube.com/watch?v=JVb6PgIdjHE.

5. 'पंजाबी गायक और अभिनेता गिप्पी ग्रेवाल से प्रोटेक्शन मनी मांगने के मामले में अब दिलप्रीत सिंह से पूछताछ की जाएगी।'

(https://www.hindustantimes.com/punjab/gangster-dilpreet-to-be-quizzed-for-threat-calls-to-punjabi-actor-gippy-grewal/story-qTAZ1a0K8duzMOic8GGX8M.html).

## अध्याय 5—लॉरेंस बिश्नोई

1. *इंडिया टुडे* पर गोल्डी बराड़ के कुबूलनामे का वीडियो क्लिप

https://www.youtube.com/watch?v= YuSmlf8gTik (Jul 2022)

2. 'सलमान खान के खिलाफ अवैध शिकार मामले में गवाह मुकर गए।'

(https://zeenews.india.com/news/nation/witnesses-turn-hostile-in-poaching-case-against-salman_43552.html).

3. 'प्रत्यक्षदर्शियों की गवाही और फोरेंसिक रिपोर्ट ने सलमान खान को काला हिरण शिकार मामले में फंसाया।'

(https://www.indiatoday.in/mail-today/story/eyewitness-s-testimony-and-forensic-reports-helped-nail-salman-khan-in-blackbuck-poaching-case-1205913-2018-04-05.

4. 'लॉरेंस बिश्नोई ने सलमान खान को जोधपुर में जान से मारने की धमकी।'

(https://timesofindia.indiatimes.com/city/jaipur/gangster-bishnoi-threatens-to-kill-salman-in-jodhpur/articleshow/62387117.cms).

5. 'लॉरेंस बिश्नोई और उसके नौ साथियों पर क्राइम सिंडिकेट चलाने पर मकोका लगा।'

(https://timesofindia.indiatimes.com/city/delhi/gangster-aides-with-pan-india-plans-charged-under-mcoca/articleshow/86354696.cm).

## अध्याय 6—हत्यारे

1. पंजाब ओपियॉड डिपेंडेंस सर्वे, 2015।

(http://web.stanford.edu/~rm89/Punjab_AIIMS_Report.pdf).

2. 'पंजाब की जेलों में आधे से ज्यादा कैदी नशीली दवाओं के मामलों में शामिल।'

https://theprint.in/india/more-than-half-of-punjabs-prison-inmates-involved-in-drugs-cases-says-jails-minister/273099/)

3. 'उसने दो पिस्तौलों से कम से कम छह राउंड फायरिंग की।'

   (https://www.tribuneindia.com/news/punjab/sidhu-moosewala-killing-who-is-ankit-sirsa-described-by-cops-as-most-desperate-shooter-409476).

4. '105 दिनों से फरार, छठा शूटर पकड़ा गया'

   (https://www.tribuneindia.com/news/punjab/on-the-run-for-105-days-sixth-shooter-mundi-held-at-nepal-border-430485)

## अध्याय 7—चौहान

1. 'पंजाब पुलिस: बहुत सारे विंग पुलिसिंग में बाधा डाल रहे हैं,'

   (https://www.hindustantimes.com/cities/chandigarh-news/punjab-police-too-many-wings-hamper-policing-say-experts-101649274224103.html).

2. 'वह आदमी जिसने बिश्नोई के सहयोगी गुरलाल बराड़ की गोली मारकर हत्या कर।'

   (https://www.hindustantimes.com/cities/chandigarh-news/man-who-shot-dead-bishnoi-s-aide-gurlal-brar-in-chandigarh-arrested-101627155797395).

3. 'गुरलाल की हत्या हमारे परिवार पर हमला है।' इंटरव्यू

   https://www.youtube.com/watch?v=VQ9g NfBLdlk.

4. 'फरीदकोट कांग्रेस नेता गुरलाल सिंह पहलवान हत्याकांड में दो शूटर गिरफ्तार।'

   (https://www.tribuneindia.com/news/punjab/2-shooters-held-in-faridkot-cong-leader-gurlal-singh-pehalwan-murder-case-240532).

5. 'पंजाब के मोहाली में युवा अकाली दल के नेता विक्रमजीत मिद्दुखेड़ा की गोली मारकर हत्या।'

   (https://www.indiatoday.in/india/story/youth-akali-dal-leader-vicky-middukhera-shot-dead-punjab-mohali-1838074-2021-08-07)

6. 'डिम्पी मर्डर केस: कोर्ट ने जसविंदर सिंह को बरी किया'

   https://indianexpress.com/article/cities/chandigarh/dimpy-murder-case-court-acquits-jaswinder-singh/

## अध्याय 8—कैचर

1. 'वांटेड गैंगस्टर काला राणा अंबाला एसटीएफ की हिरासत में।' (https://www.hindustantimes.com/cities/chandigarh-news/wanted-gangster-kala-rana-in-ambala-stf-custody-101648931734332.html).
2. 'विक्की मिद्दुखेरा हत्याकांड: साल दर साल, असली मकसद पता नहीं' (https://www.tribuneindia.com/news/punjab/middukhera-murder-year-on-real-motive-not-known-417511)
3. 'जितेंद्र गोंगी की कोर्ट रूम में हत्या की योजना महीनों पहले बनाई गई थी' (https://indianexpress.com/article/cities/delhi/rohini-courtroom-shootout-jitender-gogi-murder-7686100/

## अध्याय 9—जांच-पड़ताल

1. 'पंजाब पुलिस को हिरासत न दें-लॉरेंस बिश्नोई।' (http://timesofindia.indiatimes.com/articleshow/91927079.cms?utm_source=contentofinterest&utm_medium=text&utm_campaign=cppst).
2. 'पुलिस मूसेवाला के खिलाफ धार्मिक भावनाएं भड़काने के मामले में केस दर्ज'

   (https://www.ghaintpunjab.com/ghaintpunjab/Article/31219/fresh-complaint-filed-against-sidhu-moosewala-for-hurting-religious-sentiments)
3. 'मूसेवाला हत्याकांड: अधिकारी जिन्होंने गैंगस्टरों का नेटवर्क तोड़ा।' (https://www.tribuneindia.com/news/punjab/cops-who-cracked-gangsters-network-412433).
4. 'पुलिस की खोज से पता चलता है 60 गैंगस्टर दुनिया भर में मुखबिरों का जाल और गिरोह के विरोध के कारण ही सिद्धू मूसेवाला की हत्या की योजना बनाई गई और उसे अंजाम दिया गया।'

   (https://www.tribuneindia.com/news/punjab/case-of-gang-rivalry-insist-cops-412153?ref=epaper).

## अध्याय 10—शूटरों की गिरफ्तारी

1. 'नशे की लत, प्रतिकूल परिस्थितियां: सिद्धू मूसेवाला मामले में मारे गए दो गैंगस्टरों की कहानियां।'

(https://www.outlookindia.com/national/drug-addiction-adverse-circumstances-the-stories-of-two-gangsters-killed-in-sidhu-moosewala-case-news-211181).

2. 'सिद्धू मूसेवाला मर्डर केस: 'गैंगस्टर की गर्लफ्रेंड ने पुलिस को पंजाबी पॉप सिंगर के हत्यारों तक पहुंचाया।'

(https://www.timesnownews.com/mirror-now/in-focus/sidhu-moose-wala-murder-case-gangsters-girlfriend-led-cops-to-killers-of-punjabi-pop-singer-article-92359521#:~:text=It%20is%20said%20his%20girlfriend,said%20Priyavrat%20had%20three%20girlfriends).

## अध्याय 11—बोनी और क्लाइड की मुठभेड़

1. 'पंजाब आतंकी हमलों का मुकाबला करने के लिए स्पेशल ऑपरेशंस ग्रुप के साथ तैयार है।'

(https://www.hindustantimes.com/punjab/punjab-ready-with-special-operations-group-to-counter-terror-attacks/story-vYERnlN72hZO2X4A22gPCP.html).

2. 'सिद्धू मूसेवाला के हत्यारे जगरूप रूपा, मनप्रीत मनु अमृतसर में चार घंटे की मुठभेड़ के बाद मारे गए।'

(https://www.tribuneindia.com/news/punjab/encounter-between-police-gangsters-on-in-amritsar-village-414094)

3. 'नशे की लत, प्रतिकूल परिस्थितियां: सिद्धू मूसेवाला मामले में मारे गए दो गैंगस्टरों की कहानियां।'

(https://www.outlookindia.com/national/drug-addiction-adverse-circumstances-the-stories-of-two-gangsters-killed-in-sidhu-moosewala-case-news-211181).

## अध्याय 12—मां

1. सोनम बाजवा के साथ साक्षात्कार।

https:/www.facebook.com/watch/?v=509348793754040

2. 'हर्सलेन्सन के भोग समारोह में सिद्धू मूसेवाला की भावुक मां।'

https://www.youtube.com/watch?v=c9Z5tgt1REw;

## अध्याय 13—एक इंसान और एक कलाकार

1. रेड एफएम कनाडा साक्षात्कार यूट्यूब पर देखा जा सकता है।

https://www.youtube.com/watch?v=nYrv~o{cRWc

2. साक्षात्कार यूट्यूब पर देखा जा सकता है।

https://www.youtube.com/watch?v=jwJ9-U05bU4.

3. 'पंजाबी गायक सिद्धू मूसेवाला का 5X फेस्ट प्रदर्शन पुलिस सुरक्षा मूल्यांकन के बाद रद्द कर दिया गया।'

(https://www.cbc.ca/news/canada/british-columbia/city-of-surrey-forces-cancellation-of-punjabi-rapper-sidhu-moose-wala-s-5x-fest-performance-1.5171099).

4. 'सिद्धू मूसेवाला एट द इंटरसेक्शनलिटी ऑफ मार्केट एंड पंजाबी कल्चर।

(https://www.outlookindia.com/national/sidhu-moosewala-at-the-intersectionality-of-market-and-punjabi-culture-news-201720).

5. अमृत मान को सिद्धू मूसेवाला के बारे में बात करते हुए यूट्यूब पर देखा जा सकता है।

https://www.youtube.com/watch?v=1e-xH2u9a0g

## अध्याय 14—मूसेवाला का जीवन और गीत

1. बसंत मेला मेला होशियारपुर में सिद्धू मूसेवाला को यूट्यूब पर

(https://www.youtube.com/watch?v=tAwDxoH4L70&t=4238s)

2. सिद्धू मूसेवाला को याद करना: 'घातक पौरुष को बढ़ावा देने वाले व्यक्ति से संवेदनशील व्यक्ति बनने तक का बदलाव'

(https://www.outlookindia.com/national/remembering-sidhu-moosewala-a-transition-from-promoting-toxic-masculinity-to-becoming-a-man-with-perceptions-news-209886).

3. पंजाब पुलिस द्वारा सिद्धू मूसेवाला पर नवीनतम गीत, संजू, में बंदूक संस्कृति का महिमामंडन करने का नया मामला दर्ज किया गया है.

(https://www.hindustantimes.com/cities/punjab-police-book-singer-sidhu-moosewala-in-new-case-for-glorifying-gun-culture-in-latest-song-sanju/story-ov3Uv5fL1Xd0LsEvxCwagJ.html).July 2020.

4. 'सिद्धू मूसेवाला की खालिस्तान लाइसेंसी हथियारों पर बातचीत। जत्थेदार के बयान के बाद विशेष इंटरव्यू यूट्यूब पर देखा जा सकता है।'

https://www.youtube.com/watch?v=793CowbkYNY.(June 2022)

5. रेड एफएम कनाडा यूट्यूब पर इंटरव्यू
(https://www.youtube.com/watch?v=nYr19o6cRWc). January 2018

6. 'खालिस्तान लाइसेंसी हथियारों पर बोला सिद्धू मूसेवाला, जत्थेदार के बयान के बाद एक्सक्लूसिव इंटरव्यू', साक्षात्कार को यूट्यूब पर देखा जा सकता है
(https://www.youtube.com/watch?v=793CowbkYNY.) June 2022

7. भारत में 33.69 लाख बंदूक लाइसेंस हैं, उत्तर प्रदेश 12.77 लाख के साथ सूची में शीर्ष पर है।
(https://www.hindustantimes.com/india-news/india-has-33-69-lakh-gun-licences-uttar-pradesh-tops-list-with-12-77-lakh/story-uRQ9XGCy9wpczOiEMcFmAN.html.) October 2017.

8. 'सिद्धू मूसेवाला को याद करना: घातक पौरुष को बढ़ावा देने वाले व्यक्ति से संवेदनशील व्यक्ति बनने तक का बदलाव'
https://www.outlookindia.com/national/remembering-sidhu-moosewala-a-transition-from-promoting-toxic-masculinity-to-becoming-a-man-with-perceptions-news-209886.

9. कैसे सिद्धू मूसेवाला के ग्रामीण जीवन के जश्न ने पंजाब और उससे भी आगे तक उनके लाखों प्रशंसक बनाए।
https://scroll.in/article/1025431/how-sidhu-moose-walas-celebration-of-rural-life-won-him-legions-of-fans-in-punjab-and-far-beyond.) June 2022

10. आज का गुरबानी शबद - बा-बी-हा सिख24.कॉम से।
(https://www.sikh24.com/2017/04/03/gurbani-word-of-the-day-baa-bee-haa/)

11. चर्चा यूट्यूब पर देखी जा सकती है।
https://www.youtube.com/watch?v=JWqCqbTxi60.

## अध्याय-15—विवाद

1. 'पंजाब में उपयोग दुरुपयोग में कैसे बदला।'

https://www.tribuneindia.com/news/archive/features/how-use-turned-to-abuse-in-punjab-31353).

2. 'ड्रग, ड्रोन और मौत-पंजाब के अंदर नशे की दुखद कहानियां।'

(https://www.newindianexpress.com/magazine/2022/oct/30/drug-drones-and-death-inside-punjabs-tragic-stories-of-addiction-2512309.html#:~:text=Opium%20is%20smuggled%20into%20Punjab,in%20Himachal%20Pradesh%20and%20Delhi).

3. 'ड्रग्स पर युद्ध: पंजाब सरकार के लिए चुनौतियां- द्वारा आरके अरोड़ा और विनय कौड़ा।'

(https://www.orfonline.org/research/war-drugs-challenges-punjab-government/).

4. 'यह आधिकारिक है। पंजाब में नशीली दवाओं का दुरुपयोग सबसे ज्यादा।'

(https://www.dailypioneer.com/2013/state-editions/its-official-drug-abuse-highest-in-punjab.html).

5. 'नशा करने वालों के परिवारों का जीवन खतरे में।'

(https://www.tribuneindia.com/news/archive/features/life-on-the-brink-for-families-of-drug-addicts-31771).January 2015

6. 'ड्रग तस्करी रैकेट: एआईजी राज जीत सिंह की बर्खास्तगी के बाद पंजाब सरकार अन्य एसएसपी रैंक के अधिकारियों की संलिप्तता की जांच करेगी।'

(https://timesofindia.indiatimes.com/city/chandigarh/drug-smuggling-racket-after-dismissal-of-aig-raj-jit-singh-punjab-govt-to-probe-involvement-of-other-ssp-rank-officers/articleshow/99600722.cms)

7. 'पंजाबी सिनेमा का पुनरुद्धार - उतार-चढ़ाव को समझना।'

(https://gmj.manipal.edu/issues/december2020/Simran-GMJ.pdf)

8. 'पंजाब अपनी हिट फिल्मों के साथ अहम् स्थान पर है।'

(https://www.businesstoday.in/lifestyle/report/story/punjab-film-industry-25697-2011-10-27)

9. 'पंजाबी फिल्मों में ड्रग का पैसा-अभिनेता मनतेज मान 450 किलोग्राम ड्रग मामला।'

(https://desibuzzcanada.com/post/drug-money-in-punjabi-films-actor-mantei-mann-arrested-in-450-kg-drug-haul)

10. 'पंजाबी संगीत उद्योग - द ला ला लैंड'

(https://tfipost.com/2022/06/punjabi-music-industry-the-la-la-land/)

11. पंजाब पुलिस 'ड्रग-टैन' से लड़ रही है।
(https://www.tribuneindia.com/news/archive/punjab/punjab-police-battles-drug-taint-615877)

12. 'पंजाब के पूर्व मंत्री और अकाली नेता बिक्रम मजीठिया पर ड्रग मामला।'
https://theprint.in/politics/former-punjab-minister-and-akali-leader-bikram-majithia-booked-in-drugs-case/785113/).

13. 'पंजाब के संगीत उद्योग पर नियंत्रण के लिए गैंगस्टर बंदूक चला रहे हैं: अधिकारी।'
(https://www.hindustantimes.com/india-news/gangsters-gunning-for-control-of-punjab-s-music-industry-officials-see-mumbai-underworld-redux-101658685992259.html)

14. 'पंजाबी संगीत उद्योग - द ला ला लैंड'
(https://tfipost.com/2022/06/punjabi-music-industry-the-la-la-land/)

15. बंबीहा गैंग म्यूजिक कंपनियों में लगा रहा है जबरन वसूली का पैसा: मोहाली एसएसपी।
(https://www.hindustantimes.com/cities/chandigarh-news/bambiha-gang-investing-extortion)

16. 'कनाडा प्रवासन में पंजाबियों का योगदान।'
(https://www.tribuneindia.com/news/jalandhar/punjabis-contributed-to-60-migration-to-canada-44325)

17. 'एशिया टीवी म्यूजिक अवॉर्डस 2018: विजेताओं की सूची।'
https://www.bizasialive.com/britasia-tv-music-awards-2018-winners-list/

## अध्याय 16—न्याय की प्रतीक्षा

1. 'मूसेवाला का पड़ोसी दुबई भागने की कोशिश में अमृतसर एयरपोर्ट पर पकड़ा गया।'
(https://www.hindustantimes.com/cities/chandigarh-news/moose-wala-s-neighbour-caught-trying-to-flee-to-dubai-at-amritsar-airport-101665662916525.html).

2. 'मूसेवाला हत्याकांड का आरोपी दीपक टीनू हिरासत से भागा।'

(https://www.business-standard.com/article/current-affairs/deepak-tinu-accused-in-moosewala-murder-case-escapes-from-custody-122100200654_1.html).

3. 'गैंगस्टर दीपक टीनू को मानसा सीआईए प्रभारी का विश्वास हासिल करने में दो महीने लगे।'

(https://www.hindustantimes.com/cities/chandigarh-news/gangster-deepak-tinu-took-2-months-to-gain-mansa-cia-in-charge-s-trust-101673551546591.html).

## अध्याय 17—वह सब जो बस यहीं रह गया है

1. 'सिद्धू मूसेवाला हत्याकांड—एनआईए ने पंजाबी गायक दिलप्रीत ढिल्लों और मनकीरत औलख से पूछताछ की'

(https://www.timesnownews.com/mirror-now/crime/sidhu-moose-wala-murder-case-nia-questions-punjabi-singers-dilpreet-dhillon-and-mankirat-aulakh-article-95278175#:~:text=The%20NIA%20questioned%2--0Punjabi%20singers,Sidhu%20Moose%20Wala%20murder%20case.)

2. 'सिद्धू मूसेवाला हत्याकांड के आरोपी सचिन थापन बिश्नोई और अनमोल बिश्नोई को अजरबैजान और केन्या में हिरासत में लिया गया- विदेश मंत्रालय।'

(https://www.tribuneindia.com/news/punjab/sidhu-moosewala-murder-accused-sachin-thapan-bishnoi-and-anmol-bishnoi-detained-in-azerbaijan-and-kenya-mea-427572).

3. 'सिद्धू मूसेवाला हत्याकांड का आरोपी अनमोल बिश्नोई अमेरिका में शादी समारोह में पंजाबी गायकों के साथ देखा गया; करण औजला ने जारी किया स्पष्टीकरण।'

(https://www.tribuneindia.com/news/trending/sidhu-moosewala-murder-accused-anmol-bishnoi-spotted-with-punjabi-singers-at-wedding-event-in-us-karan-aujla-issues-clarification-498948).

4. 'बलकौर का वीडियो यूट्यूब पर देखा जा सकता है।'
https://www.youtube.com/watch?v=oHiRCzOBJXY

5. 'लॉरेंस बिश्नोई का एक्सक्लूसिव इंटरव्यू यूट्यूब पर देखा जा सकता है।'
https://www.youtube.com/watch?v=m_ReWa3xycU

6. 'लॉरेंस बिश्नोई के एक्सक्लुसिव इंटरव्यू का भाग 2 यूट्यूब पर देखा जा सकता है।'

   https://www.youtube.com/watch?v=4e9ddzhxytA.

7. 'पंजाबी गायकों ने डल झील से फैलाया शांति संदेश।'

   'Punjabi singers spread peace message from Dal Lake (https://www.tribuneindia.com/news/punjab/punjabi-singers-spread-peace-message-from-dal-lake-420499)

8. 'पंजाब के सीएम की पत्नी की सुरक्षा में 40 पुलिसकर्मी।'

   (https://www.hindustantimes.com/cities/chandigarh-news/punjab-cm-s-wife-gets-security-upgrade-now-40-cops-to-guard-her-101675961360759.html)

# आभार

इससे पहले कि मैं उन अविश्वसनीय लोगों के प्रति अपना आभार व्यक्त करूं जिन्होंने दिवंगत सिद्धू मूसेवाला पर इस पुस्तक को लाने में महत्वपूर्ण भूमिका निभाई मैं यह साझा करना चाहूंगा कि काश मैंने उसकी जीवनी तब लिखी होती जब वह जीवित था। उसकी मौत एक भीषण हत्या का परिणाम थी। इस बारे में लिखना एक उथल-पुथल भरी और भावनात्मक यात्रा रही है।

मैं इस पुस्तक के लेखन के दौरान उदार समर्थन और प्रोत्साहन के लिए *दि ट्रिब्यून* समूह प्रकाशन समूह के प्रधान संपादक श्री राजेश रामचंद्रन का बहुत आभारी हूं।

मैं अपनी साहित्यिक एजेंट जया भट्टाचार्जी रोज़, ऐस लिटरेरी कंसल्टिंग के प्रति अपनी गहरी सराहना व्यक्त करना चाहता हूं जिनका इस परियोजना में अटूट विश्वास और इसे जीवन में लाने के अथक प्रयास अमूल्य रहे हैं।

मैं अपने संपादकों, संघमित्रा, संजना, सोनिया मदान और पल्लवी मोहन का भी संपादकीय प्रक्रिया के दौरान उनकी गहरी अंतर्दृष्टि, धैर्य और मार्गदर्शन के लिए आभारी हूं। उत्कृष्टता के प्रति उनकी प्रतिबद्धता ने मुझे इस पुस्तक को सर्वोत्तम संभव रूप देने में मदद की है। मैं आकर्षक कवर डिजाइन के लिए मिशा ओबेरॉय को भी धन्यवाद देना चाहूंगा।

मैं अपने प्रकाशक वेस्टलैंड बुक्स को मेरे दृष्टिकोण को मौका देने और हर कदम पर उनके समर्थन और प्रोत्साहन के लिए हार्दिक धन्यवाद देता हूं।

मेरी प्रिय मित्र सोनिया चौहान अपने निरंतर समर्थन और प्रोत्साहन के लिए विशेष सम्मान की पात्र हैं। जब भी मुझे ज़रूरत पड़ी मैंने उसे अपने करीब पाया। मैं लेखकों के कुछ संगठनों चंडीगढ़ क्रिटिक ग्रुप, चंडीगढ़ लिटरेरी सोसाइटी, दि नैरेटर्स और द नॉवेल बंच के प्रति भी अपना आभार व्यक्त करना चाहूंगा जिन्होंने मेरा साहित्यिक करियर बनाने में मदद की है।

सबसे बढ़कर *इंडियन एक्सप्रेस* की वरिष्ठ सहायक संपादक मेरी धर्मपत्नी कंचन वासदेव का मैं हृदय से आभारी हूं। उनका अटूट समर्थन, सहयोग, प्रोत्साहन और धैर्य इस पुस्तक का मूल आधार है। मेरी प्रेरणा का स्रोत बने रहने के लिए कंचन को साधुवाद। आत्मा से धन्यवाद।

# अनुवादक की ओर से

जुपिंदर वास्तव में कलम के धनी हैं। उनका शब्द ज्ञान व्यापक है। सबसे बड़ी बात उनमें विषय वस्तु की समझ और अभिव्यक्ति की विलक्षण प्रतिभा है। अनुसंधान और अन्वेषण में उनका कोई सानी नहीं है। मुझे खुशी है कि मुझे जुपिंदर की इस लेखकीय यात्रा में भाग लेने का अवसर मिला।

जुपिंदर ने सिद्धू मूसेवाला की इस कहानी को पूरी ईमानदारी से प्रस्तुत किया है। यह सत्यकथा मन को आंदोलित करती है। इस कहानी में अपने इकलौते पुत्र की चिता पर एक पिता का करुण क्रंदन आत्मा को झकझोर देने पर बाध्य कर देता है। वहीं दूसरी ओर सीधे-सादे गांवों के युवाओं के शूटर बनने की कहानी सोचने पर मजबूर करती है।

जुपिंदर ने कहानी के हर किरदार को हूबहू पेश किया है। उन्होंने बिना किसी लाग-लपेट सीधी-सपाट भाषा में पूरी कहानी को बयान किया है। उनकी लेखन शैली में बतौर पत्रकार उनका पेशेवर तौर तरीका स्पष्ट रूप से झलकता है। इस कहानी के सभी पात्रों की मानसिकता, परिस्थितियों और कारणों को साधारण भाव और सरल शब्दों में पाठकों के सामने रख कर जुपिंदर ने अपनी विशिष्ट प्रतिभा का परिचय दिया है।

लेकिन काश यह कहानी महज एक कहानी ही होती। काश एक चमकता सितारा अचानक यूं न टूटता। काश हत्यारे तबाही के रास्ते पर

न चलते। काश व्यवस्था सब कुछ संभाल पाने में सक्षम होती। काश इतना कत्लेआम न होता।

अनुवाद के दौरान मुझे श्रीमद् भगवद्गीता का ज्ञान अक्षरश: सत्य महसूस हुआ। जैसे सब कुछ पहले से निर्धारित था। जैसे यह सब तो होना ही था। केवल इस कहानी को शब्दों में समेटा जाना ही बाकी था। इस कहानी के बाकी किरदारों की तरह जुपिंदर ने भी अपना रोल बखूबी अदा किया है। यूं भी जीवन एक रंगमंच की तरह ही तो है। हम सब कलाकार हैं। हर कोई अपना किरदार निभा कर मंच से चला जाता है। भविष्य को भला कौन पढ़ पाया है। दुआ यही होनी चाहिए कि यह इतिहास यहीं दफन हो जाए। इसकी पुनरावृत्ति न हो। कभी कहीं किसी का संसार न उजड़े। *सर्वे भवन्तु सुखिन:, सर्वे संतु निरामया:।* इसी मंगलकामना के साथ ही जुपिंदर को आभार और साधुवाद। पूज्य मालिक जुपिंदर की इस लेखन यात्रा को जारी रखने का आशीर्वाद प्रदान करें।

**चेतन ठाकुर**